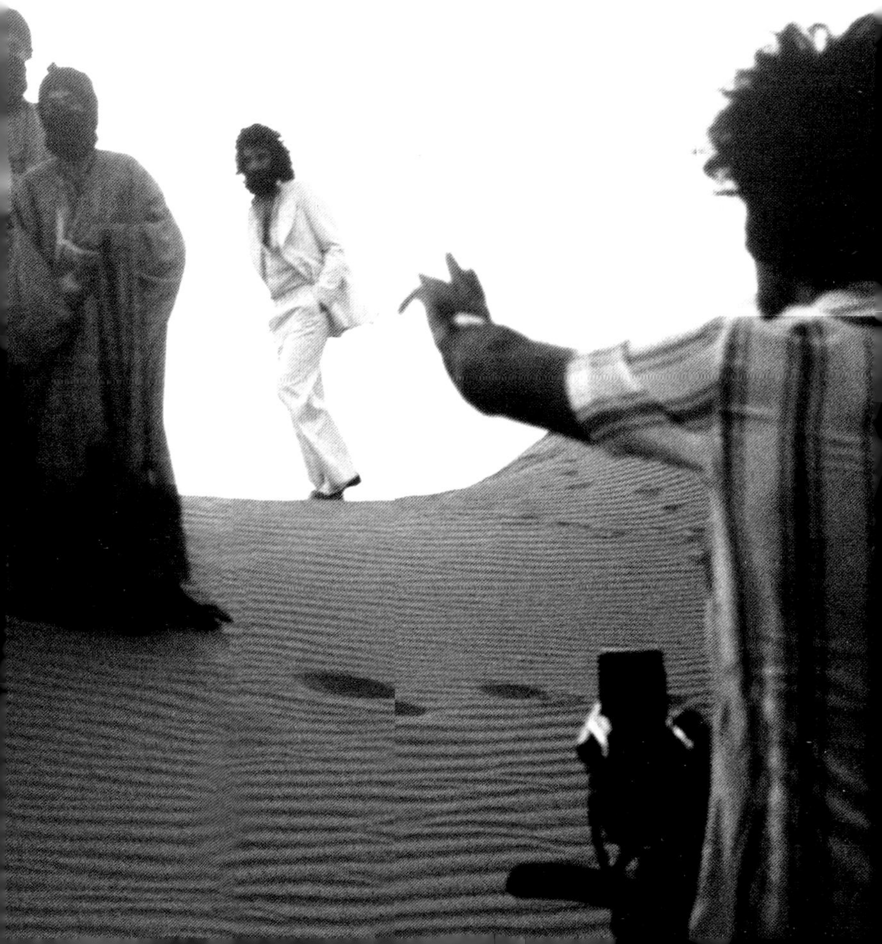

Biblioteca PHotoBolsillo

Eduardo Momeñe

PHotoBolsillo LA FABRICA

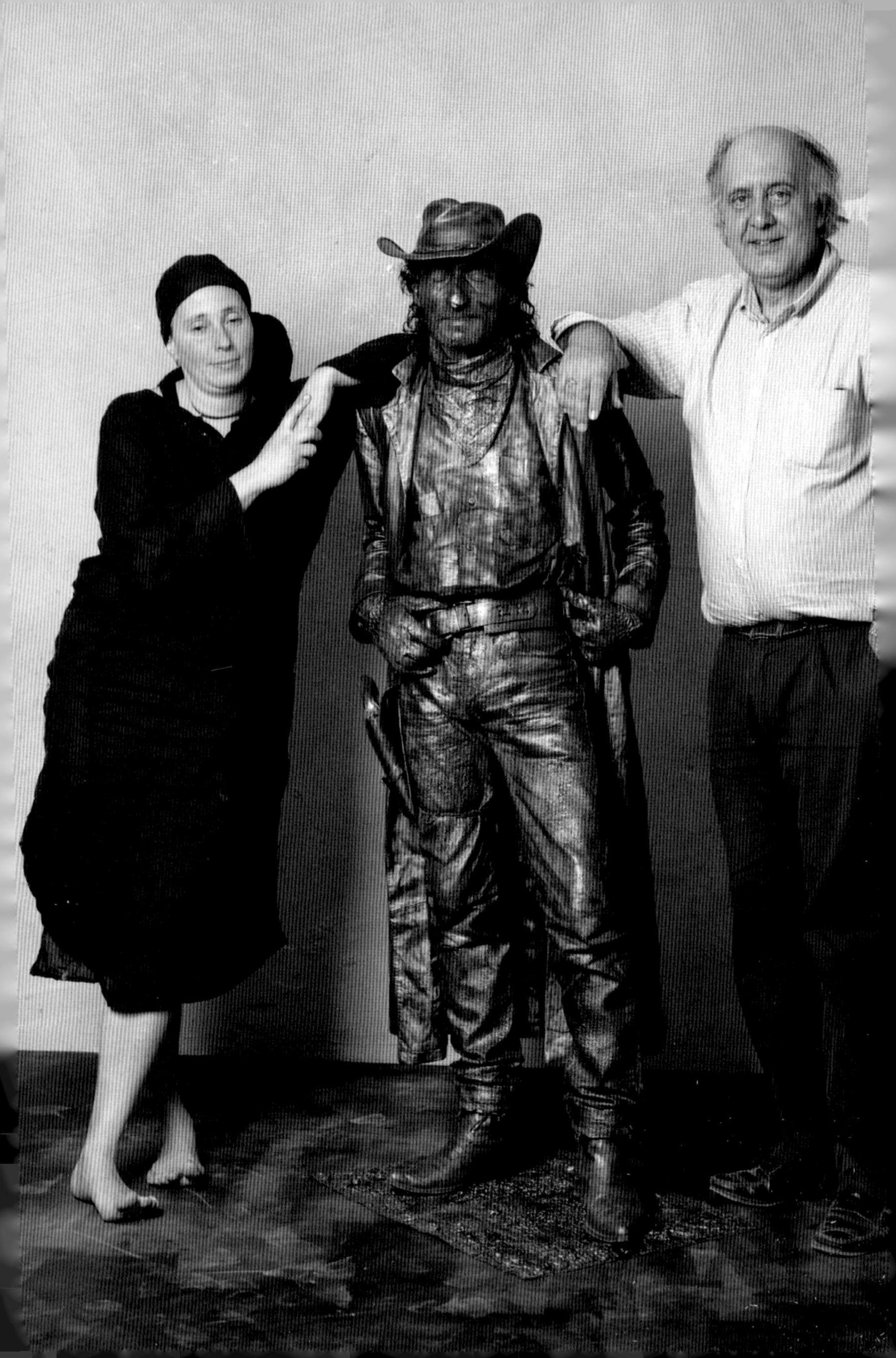

Eduardo Momeñe

Tres largos instantes. En torno a Eduardo Momeñe

Alfonso Armada

Descanso en la sesión para *The Gunman*, 2013

1. La vida, ¿es un lenguaje?

Creo que a Eduardo Momeñe (Bilbao, 1952) le gustaría que la vida tuviera sentido. Y que el progreso siguiera siendo una idea progresista. Parece haber dejado de serlo, a la vista de indicios cada vez más poderosos. Tristeza y alegría filosóficas le han tallado el rostro y el carácter. Como Albert Camus, sabe que la vida no tiene sentido. Pero eso no invalida la necesidad de beberla como un largo trago. Al contrario. Es un imperativo moral hacerlo, y no hacer daño, y exaltar lo mejor de nuestra condición, y aborrecer lo que nos empequeñece.

Le conocí tarde, para lo que suele ser la historia de la amistad. Ya habíamos empezado a tomar conciencia de que teníamos más pasado que futuro, pero también pasiones compartidas que hacen la vida más amena y vividera. Por eso le pedí que me ayudara con el acopio de instantes decisivos, aunque él no los llamaría así. Él, y ahí se lee una parte de su carácter (otra es la insistencia en que no sabía que *ser fotógrafo* iba a ser tan «apasionante»), se refiere a «algunos momentos» que recuerda «con agrado». Si la sintaxis es una cualidad del alma, como quería el poeta Paul Valéry, la de Momeñe busca afanosamente palabras claras. Cuando lo logra de manera más elocuente, cuando nos deja mudos de asombro, es cuando fotografía.

En los primeros compases de *Las fotografías de Burton Norton. Un relato de W. G. Jones* lo esculpe en tinta china: «Los lugares adquieren su significado cuando están envueltos en palabras, las palabras bien dichas. No es fácil decir las palabras exactas en el orden apropiado, en el momento adecuado».

Dice de su padre que era un «gran aficionado a la fotografía y al cine». Le enseñó algo parecido a otro lenguaje: «Me enseña a mirar por un visor». Su madre fue fuente de inspiración y goce para otro de los grandes dones de la humanidad: la música, no en vano ella «tocaba muy bien el piano».

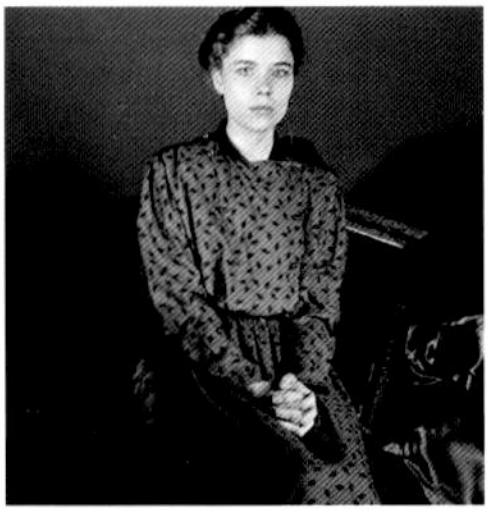

Retrato de María, 1979

De niño acompaña a su padre cuando «va a fotografiar paisajes en fin de semana y después se encierra en su pequeño laboratorio en casa, revela blanco y negro y también Ektachrome». Ese es sin duda otro largo instante decisivo, lo que el niño Momeñe *ve* en el cuarto oscuro: «La fotografía es mágica, la luz roja y

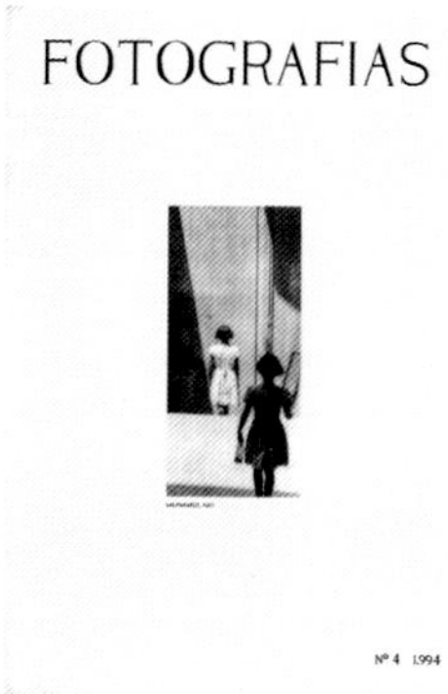

Portada de la revista *Fotografías*, 1994. Fotografía de Sergio Larrain

el olor a revelador son mágicos, la Rolleiflex es mágica. Desde entonces todas las cámaras serán para mí objetos extraordinarios».

Aunque podría serlo, este librito no pretende ser una biografía de Eduardo Momeñe, sino un intento de averiguar quién es. Cuando, al final de una larga entrevista, se lo pregunté, su respuesta fue: «Alguien a quien le gusta hacer fotografías tan solo para obtener fotografías, y en ocasiones hablar sobre ello». Aunque por su envergadura (que le lleva a cargar los hombros para tratar de pasar inadvertido) y sus modales exquisitos podría pasar por un señor, Momeñe no lo es. Y eso *por culpa* del rock. En todo caso sería lo que algunos admirados músicos de rock: un niño elegante. Fue en 1965 cuando, así lo expresa, descubrió «el rock y sus actitudes. Ello lo cambia todo, existe otro mundo, casi nada es como parecía. La fotografía aparecerá como una opción para esa libertad». Pero no se limita al plano de la escucha, la admiración y la imitación, formas de vestir y de estar en el mundo: «Soy guitarra rítmica y teclista en el grupo de rock Old Music». Era 1967.

La educación sentimental se convierte en un tren que desde aquellos años tan lejanos no ha dejado de moverse ni de incorporar viajeros. Como nada humano le es ajeno, el Holocausto, y lo que destrabó y emponzoñó en el riquisimo suelo de Europa, le persigue con sus preguntas (morales y narrativas: ¿cómo contar lo que no se puede contar?). Si trazamos un largo arco, el mismo que los largos trenes dibujan cuando toman una curva suave, podemos encontrar en su mochila una lista de nombres que serán algunos de los más constantes compañeros de viaje. Desde *Blow Up* de Antonioni y *La tierra baldía* de T. S. Eliot, hasta todo W. G. Sebald (estoy seguro de que se hubieran hecho grandes amigos si se hubieran tratado), pasando por Walker Evans y James Agee, su amigo Bernard Plossu, Sergio Larrain y Andrei Tarkovsky, Momeñe ha intentado leerlo todo, verlo todo, vivirlo todo. Confiesa que en 1969 «ya tiene algunos fotógrafos favoritos: Duane Michals, Les Krims, Ken Josephson, Irving Penn, Guy Bourdin... ». Hace fotografías con su Nikkormat («mi cámara favorita, es más bonita que la Nikon F») y se «empapa» de revistas como *Life, Popular Photography, National Geographic, Grossbild* «para el asunto técnico...».

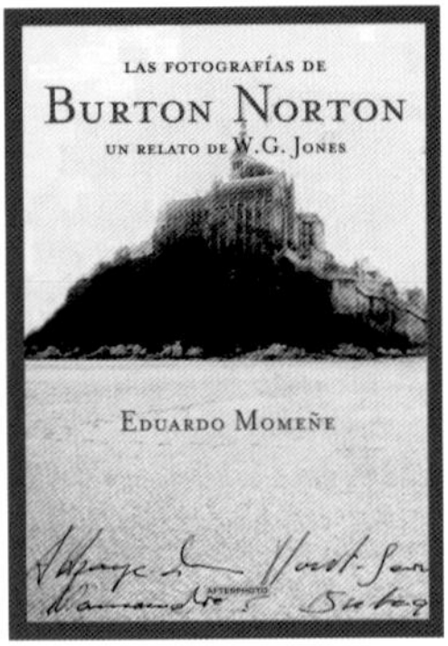

Portada de *Las fotografías de Burton Norton*

Y fotografía, sin llegar a creérselo (Momeñe nunca se ha creído nada, y menos que nadie a sí mismo. Es su forma de estar en el mundo) a John Cage, a Steve Reich, a un muy joven Phillip Glass, a Esther Ferrer... Y a Leonard Cohen, John Berger, Wim Wenders, Robert Mapplethorpe, y tantos otros, estatuas de la calle, transeúntes, figuras...

Otro instante decisivo ocurre en 1975 (el año de la muerte del dictador): «Le digo a mi padre que dejo mis estudios de economía para dedicarme a la fotografía. Le duele mi decisión, pero la respeta y me ayuda».

Demos otro salto, cojamos otro gran expreso europeo, ahora que Momeñe se ha instalado en Bruselas (siguiendo los pasos de Teresa, su mujer, ancla extraordinaria que explica también la consciente condición de cometa de Momeñe), entre 1977, cuando instala su estudio en Madrid, y este 2017 en el que hace balance y «afortunadamente ha valido la pena la complicada aventura fotográfica». Su estudio es su «guarida».

Aunque no ha perdido sus ganas de ver, creo que, aparte de sus retratos, su gran legado será el libro *Las fotografías de Burton Norton,* donde leemos esta especie de autorretrato: «Burton fue un fotógrafo en el sentido más estricto de la palabra, aquel que hace fotografías tan solo para obtener fotografías, que dice todo lo que hay que decir tan solo con sus fotografías, sin necesidad de comentarios al margen que las justifiquen. Era fotógrafo –así lo dijo– porque no quería nada y no tenía nada que decir con palabras. Pero también hizo un amplio uso de las palabras, dedicó un buen tiempo del viaje a su diario. Aprovechaba el final de la jornada para anotar impresiones y datos, a modo de pies de página, una relación más real con la experiencia física de viajar de la que podían aportar las fotografías, destinadas tan solo a *escribir el mundo*. Su diario, al que he tenido acceso, revela la parte humana que se esconde tras la obra fotográfica; un *viaje* muy diferente a su viaje fotográfico. De alguna manera, explica en sus cuadernos lo que sus fotografías no podían ni querían decir».

Habla de los noventa como de «una década fotográficamente perdida», pese a los doce números de la revista *Fotografías,* con Félix Fuentes. Un experimento perdurable: cualquiera, desde Plossu o Larrain hasta un desconocido, que envíe su foto, la verá publicada.

2. ¿Qué podemos enseñar?

«Sin lugar a dudas, las fotografías nos enseñan el aspecto del mundo, pero lo hacen desde el objetivo de una cámara, un punto de vista único entre las infinitas opciones que pueden existir. Digamos también que la cámara no es tan solo una herramienta de precisión óptica, sino que, ya en nuestras manos, persigue fines estéticos. Es por ello también por lo que en las fotografías vemos el mundo desde la intención creativa de una persona, desde su personal selección. La fotografía nos muestra el mundo tal como el fotógrafo quiere que lo veamos». Fotógrafo por encima de todo, Momeñe es para muchos amantes del medio un maestro. Porque enseña a mirar y a ver. Fotógrafos como Isabel Muñoz, Amador Toril o Corina Arranz reconocen las enseñanzas de Momeñe, que ha plasmado en su libro *La visión fotográfica. Curso de fotografía para jóvenes fotógrafos,* del que hemos extraído esa cita. Que no deje de reeditarse es la prueba de su utilidad y de su ciencia.

Entre 1988 y 1990 escribió y dirigió para televisión una serie impagable, *La puerta abierta,* que es lo que su título propone y mucho más. Serie de culto *underground,* ha pasado por cientos de manos y de ojos que la veneran. Ha dejado su huella en la memoria de hornadas de alumnos que siguieron el máster de fotografía documental que durante años impartió en la escuela EFTI de Madrid. Él lo explica así: «Me produce una enorme satisfacción tratar de enseñar lo que he aprendido a gente joven y con ganas, en realidad haciéndolo aprendo más que ellos». *La visión fotográfica* no es más que «poner en página», como dice su autor, aquello de lo que habla en clase. Con ese ensayo nace su sello editorial: Afterphoto. Momeñe no solo enseña lo que sabe sino, sobre todo, lo que es.

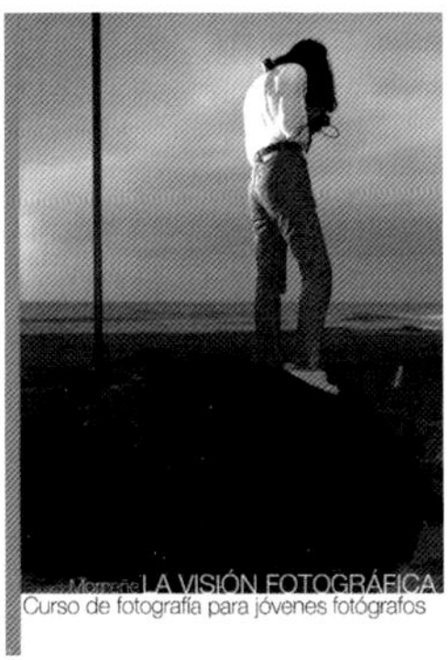

Portada de *La visión fotográfica*

3. Lo que vemos y lo que decimos

Rescato para despedirme fragmentos de una conversación que también fue una entrevista: «Yo llamo espacio fotográfico a lo que seleccionas con la cámara y es lo que va a pasar ahí. También se podría llamar escenario visual. Fuera de ese espacio solamente hay mundo real, que es otro mundo, es otro sitio». Momeñe parte de una idea que es una sospecha. De que toda fotografía es una intervención, o una invención: «Fabricas

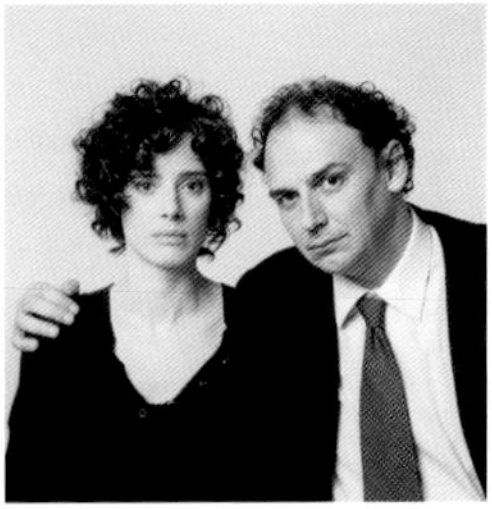

Retrato de Pilar López de Ayala y José Luis Guerín, 2007

una imagen que no existía. Construir imágenes para mí es un acto que tiene que ver con el hecho de hacer las cosas bien. Lo que pasa es que la fotografía tiene un problema, y es que su utilidad es una utilidad estética. No es una utilidad para el conocimiento. La fotografía es un lenguaje muy primitivo, que a mí me recuerda al lenguaje de los indios con el humo. Es un lenguaje que no te deja contar cosas. Es un lenguaje que solo sirve para escanear el mundo y enseñarlo. Lo que te pide es que lo enseñes con muchísimo cuidado, y que si enseña lo conviertas en un cierto conocimiento. La fotografía es absolutamente apasionante, es un fin en sí misma, llega lejísimos, pero si sabemos que solo sirve para hacer fotografías, no para contar ningún cuento. Sirve para decir, pero no para contar *Caperucita Roja*. La fotografía no vale para eso, del mismo modo que un violín no sirve para hacer el *Discurso del método*. La fotografía es un texto visual, la cámara es una herramienta de escritura que apela al pensamiento visual, un *pequeño* lenguaje encriptado que hay que descifrar con palabras... La fotografía sirve para escribir el mundo, comentarlo, pero en sus reglas de juego, en el medio que expresa visualmente».

¿Cuál es por tanto la cualidad de Momeñe como fotógrafo? Acaso que sus fotografías nos interpelan sin estridencia, mirándonos sin complacencia ni displicencia. Como un hecho de la realidad que, sin embargo, jamás pretende ni agotar la realidad ni decir la última palabra, pero que nos invita a volver a ver lo que creíamos conocer. El lenguaje fotográfico de Momeñe es un intento desesperadamente tranquilo de hablar de la vida como un náufrago feliz, que sabiendo que va a morir no va a gritar: para no perder tiempo tragando agua. Ni perder pulso. Eso aceleraría el fin. Momeñe sabe que, igual que el fin del mar es ser mar, el fin de la vida es existir. Creo que Eduardo Momeñe es un existencialista nada trágico con una cámara en la mano.

Con su desvelar silencios vuelvo a leer la piel indescifrable del mundo. Con un compañero de viaje llamado Eduardo Momeñe.

Un lugar llamado «estudio»

Eduardo Momeñe

La mayor parte de las fotografías que pueden verse en estas páginas han sido realizadas en mi estudio; son «fotografías de estudio». He estado sumergido en él durante cuatro décadas –a fecha de hoy, 2017–, y en este tiempo, que es mucho, la cámara ha estado situada en el mismo suelo, todo ha ocurrido en los mismos tres metros cuadrados. Parecería la máquina del tiempo de H.G. Wells que, gracias a que el tiempo existe, ha recorrido el mundo –cientos de mundos– sin desplazarse un milímetro. Es un gran viaje, y aún no me he cansado de transitar por este mundo sin geografía; aún vivo el placer de aislarme entre sus cuatro paredes del ruido del mundo; es mi pequeño búnker; es un privilegio.

El estudio fotográfico es tan solo esa habitación reconvertida en un «no-lugar» para obtener fotografías en «ninguna parte». La idea del estudio –ese «lugar sin coordenadas»– es tan antigua como el deseo del retrato pictórico con pretensión de individualidad y trascendencia. El estudio tuvo que ser inventado para poder comentar el mundo sin contar con la seducción de sus decorados; su paisaje no fue dado como lo fue, por poner un ejemplo, el valle de Aosta.

Aunque probablemente no fue así, el retrato de estudio lo «inventó» Jan van Eyck. Su posible autorretrato con turbante rojo llega hasta nuestros días; ese fondo oscuro sin existencia, ese perfil «tres cuartos» es intocable para siglos de representación. Cuando Irving Penn construyó su *Worlds in a Small Room* sabía que el Renacimiento había existido, que había incrustado el mundo en dos metros cuadrados, y que lo había mostrado con la máxima facilidad –ese orden– para el ojo humano. Incluso esa luz, la que parece entrar por la ventana de un espacio sin límites para los autorretratos de Rembrandt, continúa indundando los estudios fotográficos de medio mundo. (Una idea atractiva la de Irving Penn, una vuelta de tuerca: recorre la geografía del mundo para finalmente meterlo en una habitación, como si de su estudio de Nueva York se tratara).

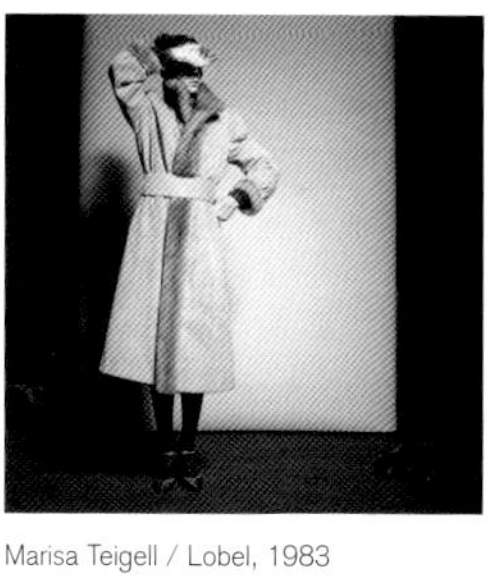

Marisa Teigell / Lobel, 1983

Se pensó en construir ese «refugio» como muy idóneo para presentar personas en su individualidad. A ello se le ha llamado *retratos*. El estudio es un excelente recurso para obtener retratos de rostros y de rostros con su cuerpo. Cuerpos fuera de su sitio, de su vida, en ninguna parte, si es que ello fuese posible. El retrato de Juan el Bueno fue uno de los primeros en Europa, en el siglo XIV, de perfil, pero fue Jan van Eyck quien, quizá, entendió el poder del «no-lugar» y las limitaciones –virtudes– del acotamiento del lienzo. Y fue aún más allá: su supuesto autorretrato es un rostro «real» en un espacio tridimensional. Rembrandt también lo supo. Sin duda sus autorretratos hablan del mejor «estudio fotográfico», aquel en el que no hay nada a excepción de un escenario visual, a excepción del universo del fotógrafo.

El estudio es definitivamente un buen lugar para realizar retratos; espacios con figura, el lenguaje del cuerpo hablando en relación con un espacio construido, creado donde antes no había nada. Jan van Eyck sería el gran fotógrafo de estudio si ello hubiese sido posible: espacios pictóricos –ya espacios fotográficos– necesarios para que los actores «hablasen». Es el comentario de David Hockney: «La fotografía vino a demostrar que el Renacimiento tenía razón». El libro indispensable aquí es *Elogio del individuo* de Tzvetan Todorov.

En estas páginas puede verse mi interés –mi opción, mi intento– por este espacio fotográfico clásico, por apoyarme en él, ese tira y afloja con el tiralíneas de Brunelleschi. También por esa «caja de luz Rembrandt», esa actuación, ese «posado», el intento de control del lenguaje corporal entre las cuatro paredes del espacio de ese visor formalmente ya dado. Probablemente es un formato al que le quedan milenios de vigencia, tal es su calidad. Por supuesto, siempre estará ahí la otra revolución formal, la de los «Lee Friedlander», ese extraordinario y definitorio camino que tomó la fotografía gracias a la cámara Brownie de George Eastman. En todo caso, es necesario tomar ciertas decisiones.

Es la idea de escenario, finalmente, un escenario vacío, incluso invisible, inexistente. Hacemos fotografías dentro de ese decorado teatral. Es nuestra deuda con el teatro, con su espacio acotado, con sus actores, con Grecia. En este espacio fotográfico, ya sin nombre, van a existir las fotografías; instantes de una representación teatral para la cámara, otra manera de decirlo. Cualquier retrato, cualquier escenificación, cualquier pie de foto son actuaciones para la cámara. Son la materia prima para el acontecimiento que es la propia fotografía. Las fotografías en estudio muestran representaciones teatrales de 1/500 de segundo. Es muy poco, pero si ocurriesen durante más tiempo y pudiésemos percibir esa duración, serían películas, serían otra cosa (vayamos un poco más allá: finalmente, las fotografías son fotogramas de una película que quizá nunca veamos). Nada tan comprometido como ceder la apariencia para una representación de una fracción de segundo. Nada debe fallar, es un instante irreparable una vez enmarcado en una pared.

En realidad es una pequeña fábrica de sueños donde los sueños soñados y deseados pueden acabar en un papel. Sin duda una experiencia más que interesante y, por otra parte, la dificultad de obtener algo que sea correcto, la de transmitir el placer de este viaje desde las buenas intenciones hasta lo aceptablemente dicho. Cuando hemos convertido lo imaginado en idea sensible, el objeto soñado parece el propio sueño. La imagen fotográfica como sueño, su lejanía de la realidad como representación de lo otro, de lo que estaba en otra parte; lo extraño y extrañado.

Aún pienso que el estudio es un lugar privilegiado para ver el mundo y comentarlo.

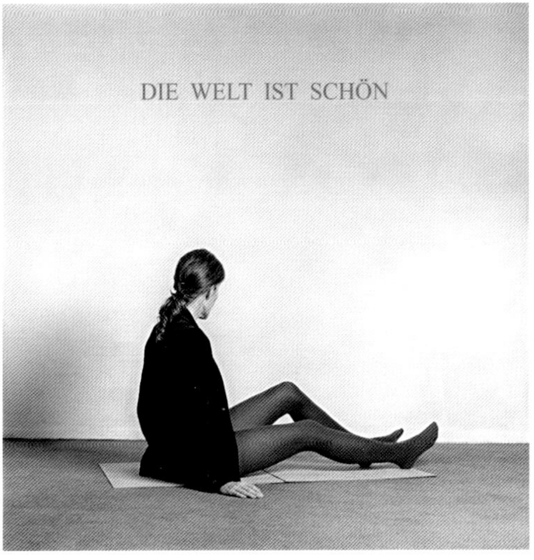

Die Welt ist schön, 2008

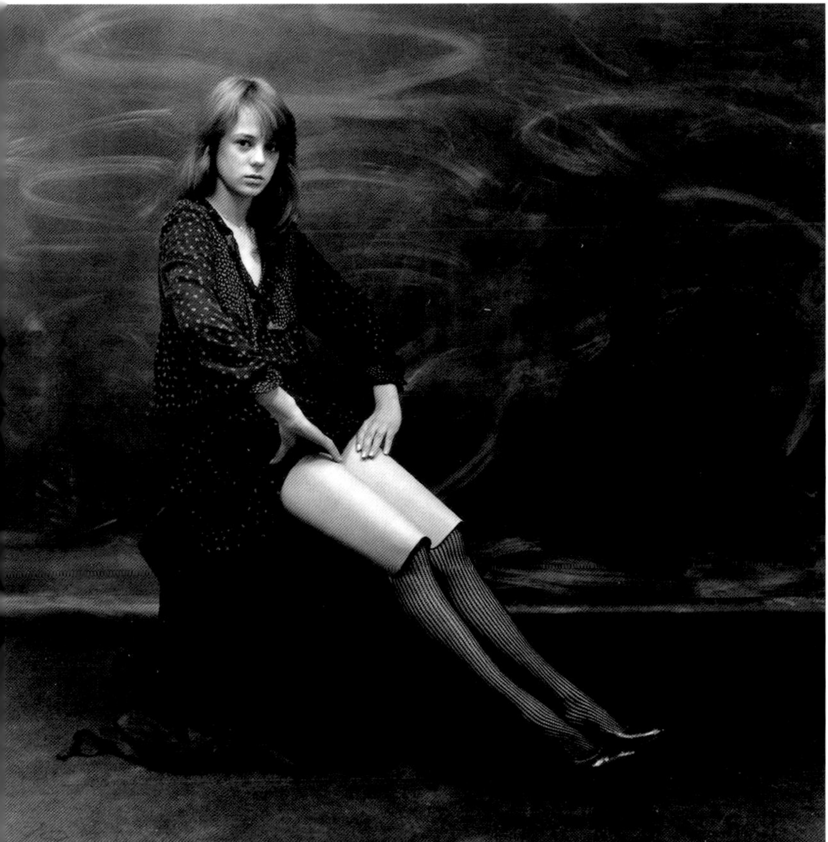

1. Retrato de Emma Suárez, 1981

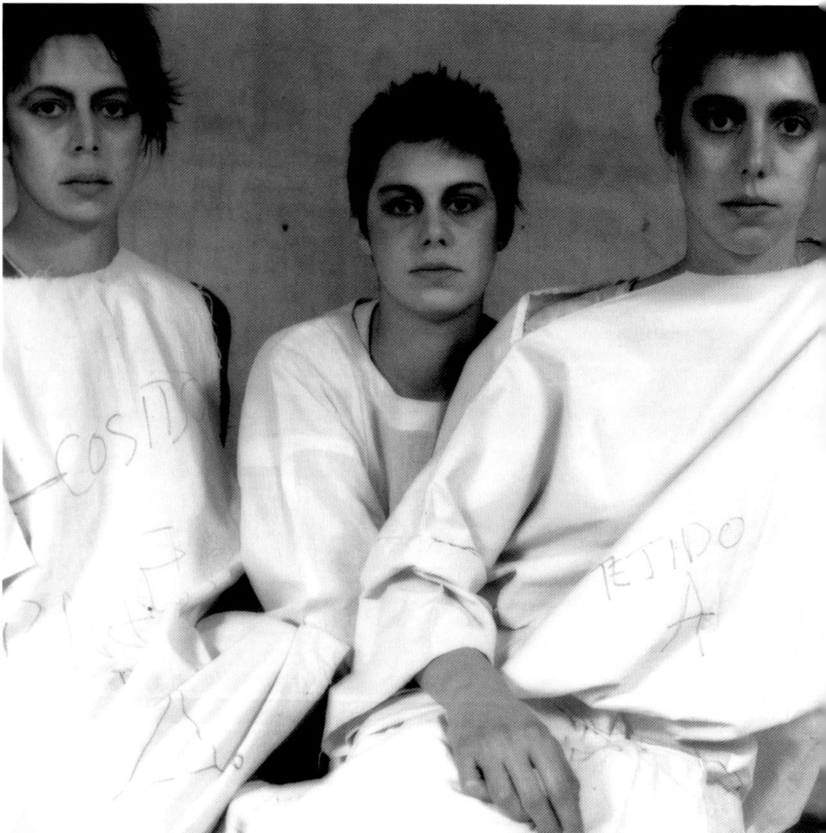

02. Retrato de Ágatha, Isabel y Ana, 1986

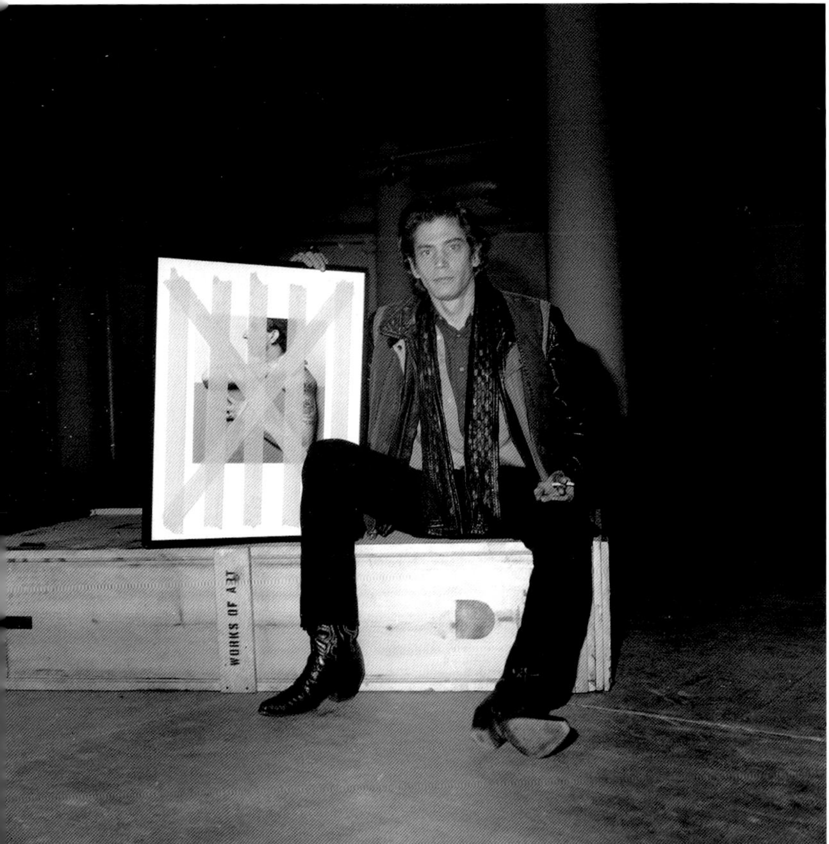

3. Retrato de Robert Mapplethorpe, 1984

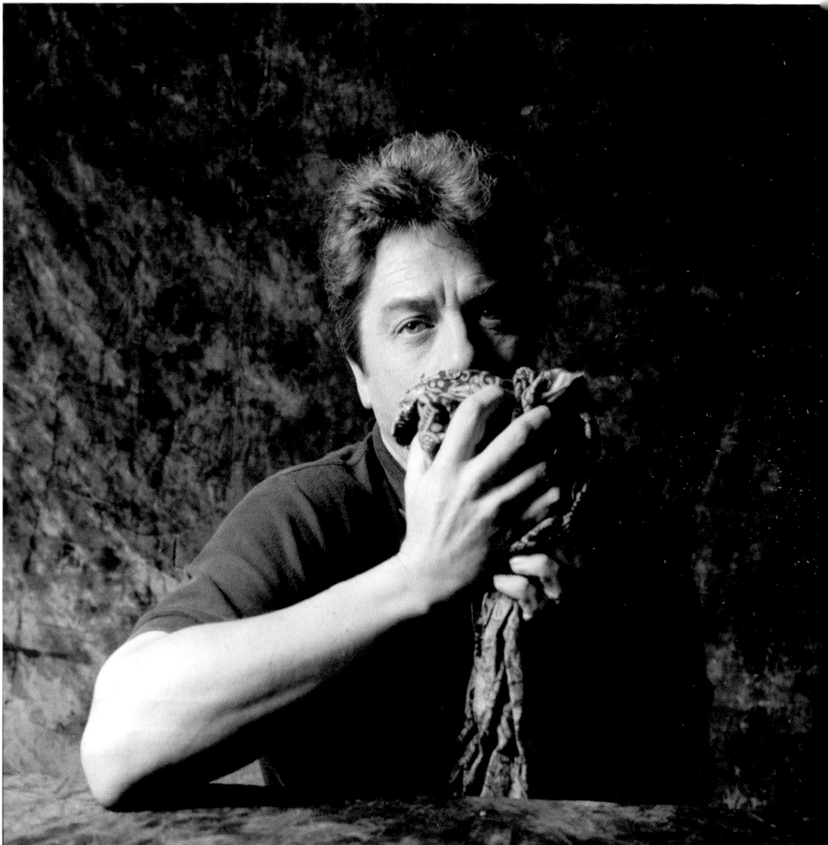

04. Retrato de Brian Griffin, 1988

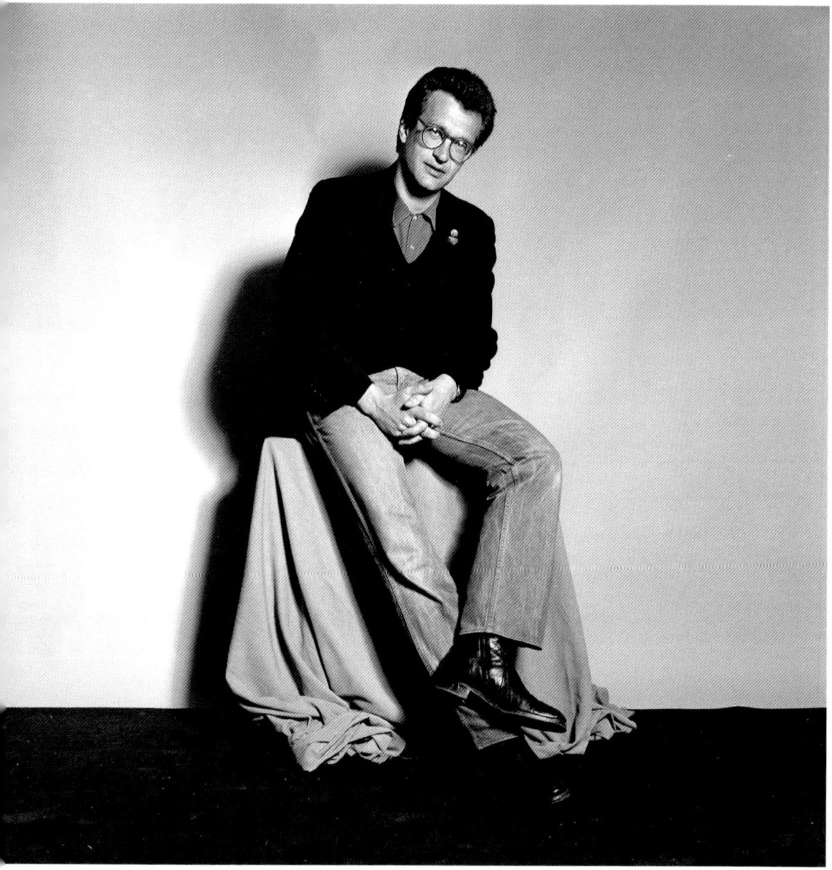

5. Retrato de Wim Wenders, 1981

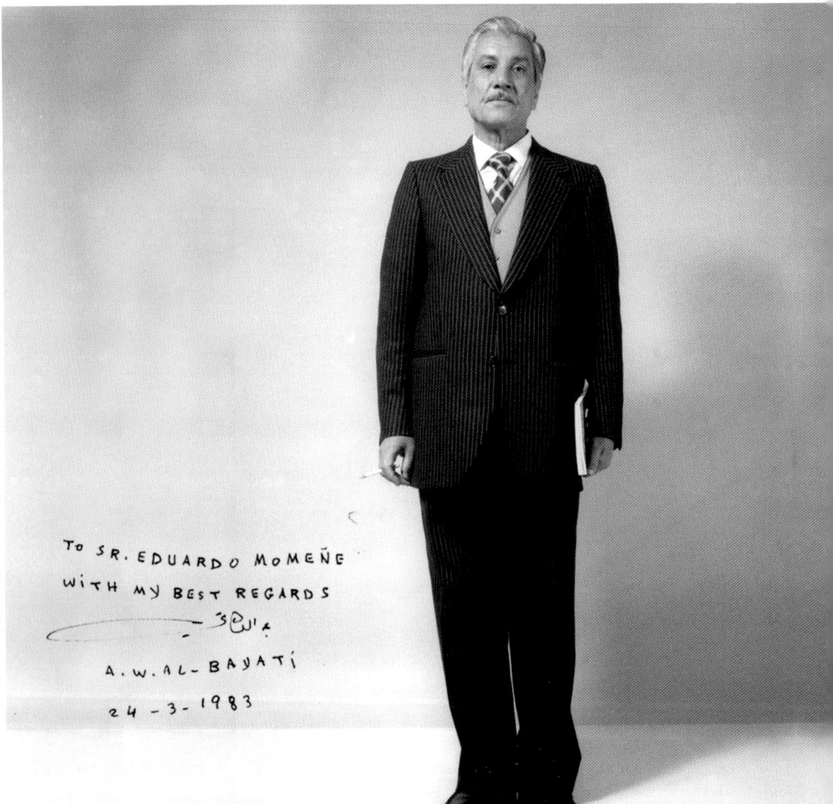

06. Retrato de Abd al-Wahab al-Bayati, 1983

The "Rolleiflex" name is most commonly used to refer to Rollei's premier line of medium format twin lens reflex (TLR) cameras. The Rolleiflex TLR film cameras are notable for their exceptional build quality, compact size, modest weight, superior optics, durability, simplicity, reliable mechanics and bright viewfinders. The high-quality7.5 cm focal length lenses, manufactured by Zeiss and Schneider, allowed for a smaller, lighter, more compact camera than their imitators.

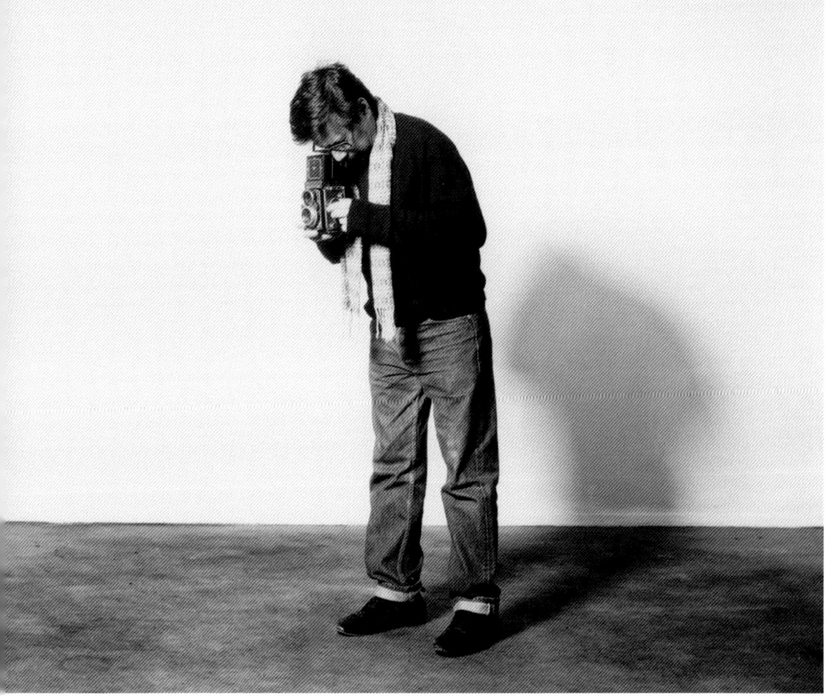

7. Retrato en formato cuadrado de Luis Baylón con su Rolleiflex, 2007

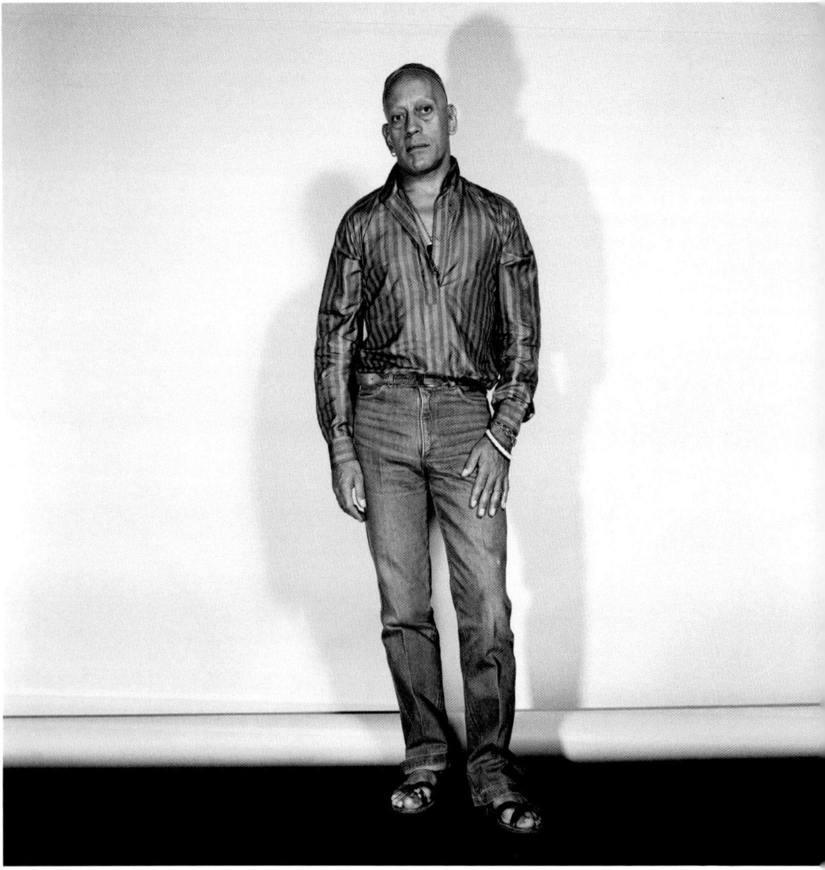

08. Retrato de Jack Birkett / Lindsay Kemp Co., 1981

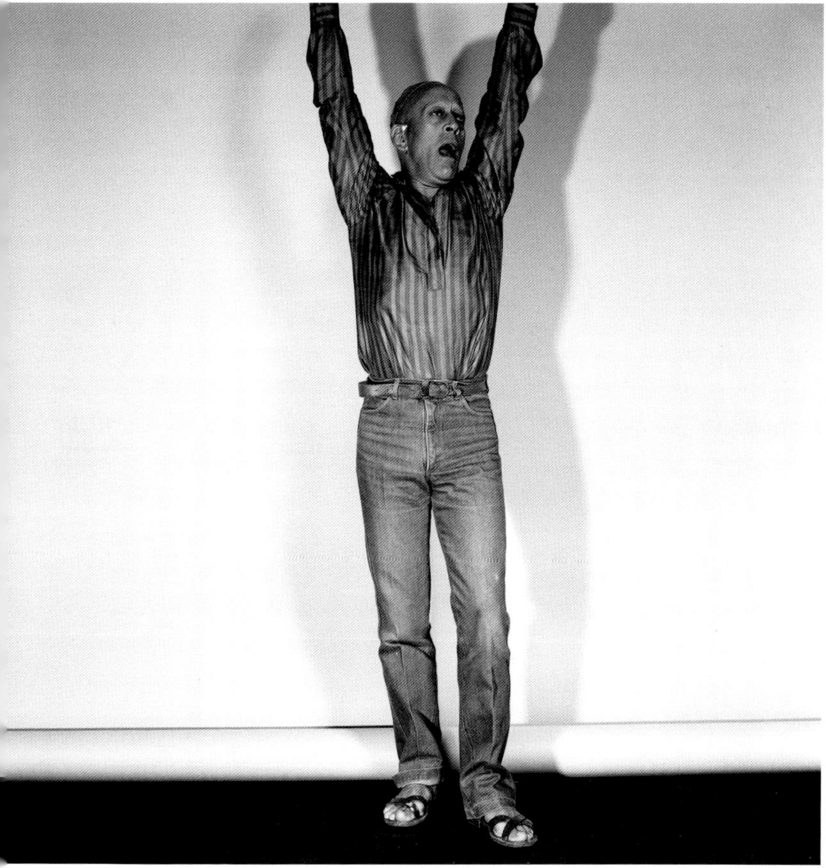

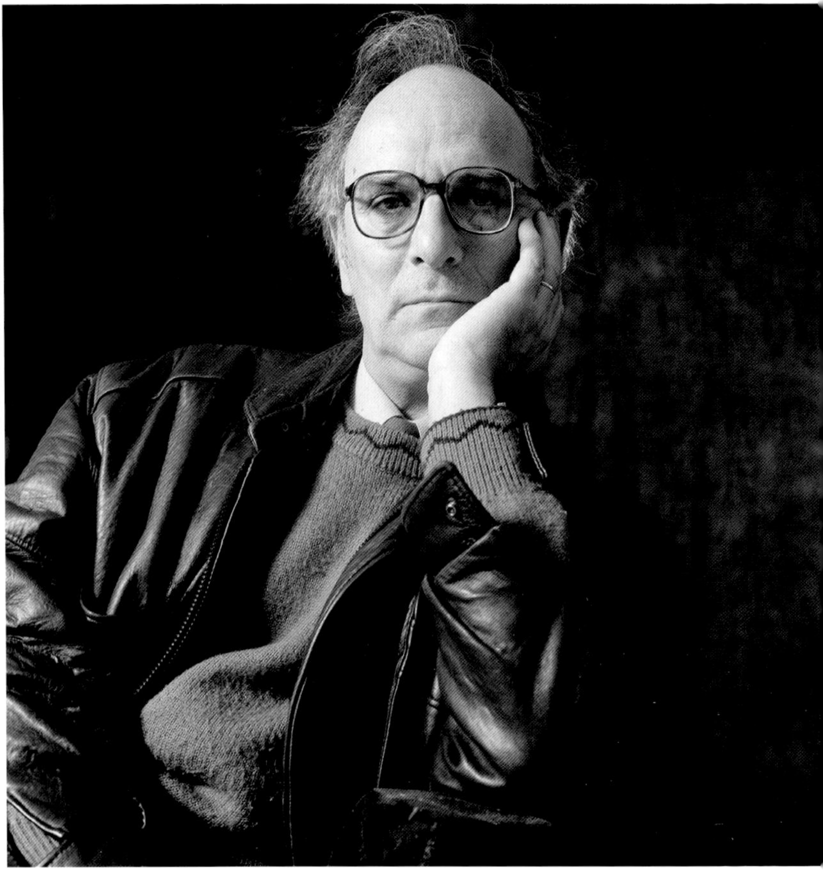

09. Retrato de Carlos Saura, 1987

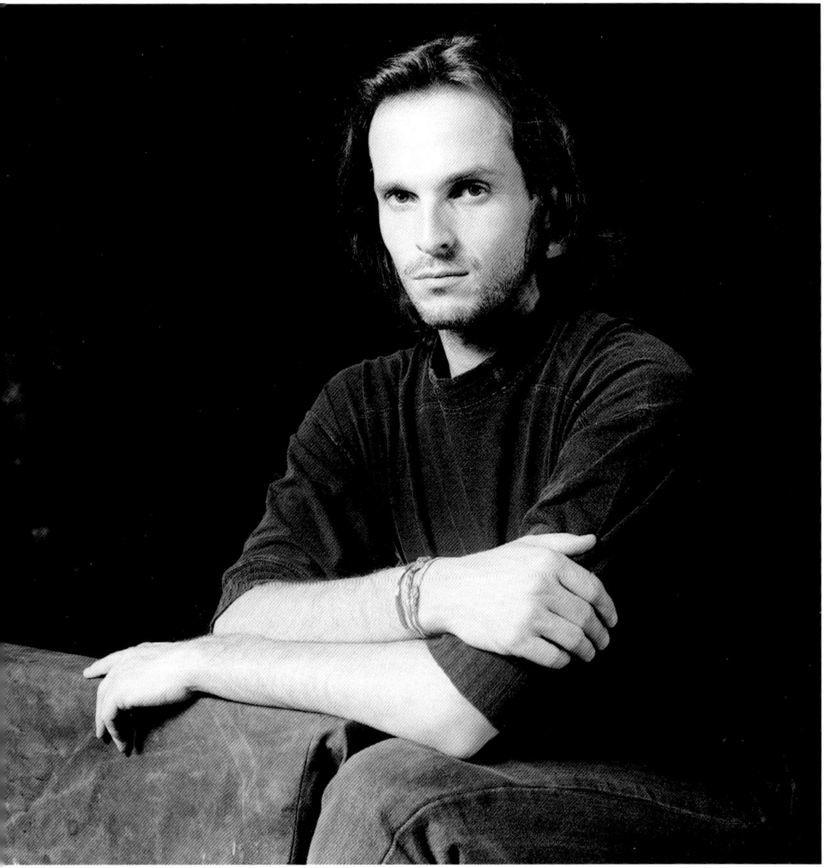

). Retrato de Miguel Bosé, 1987

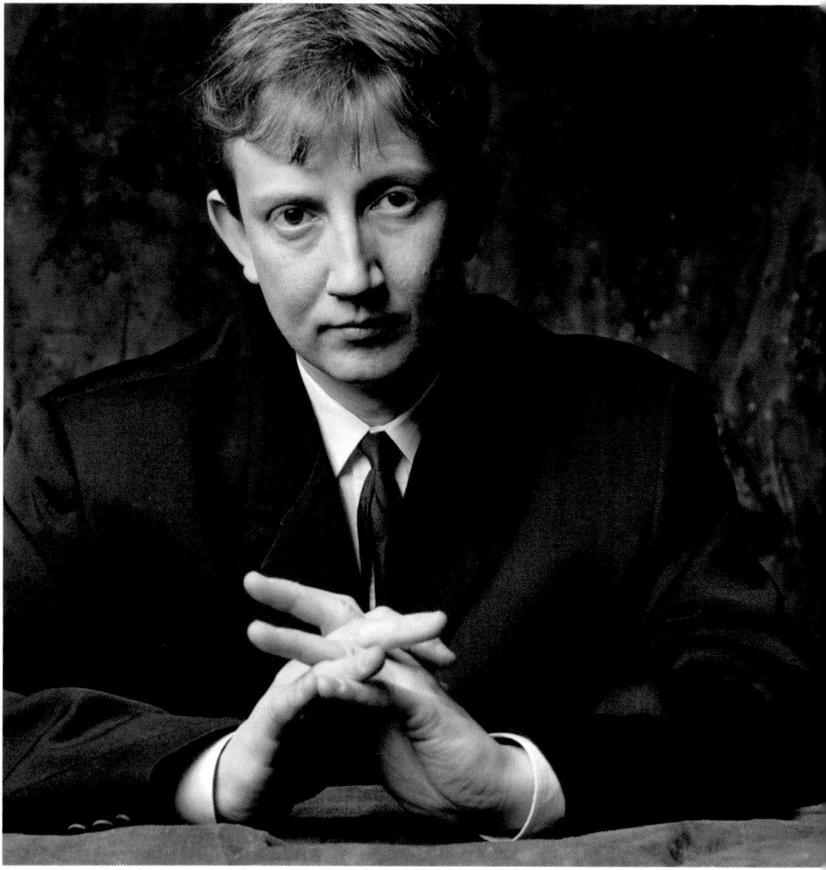

11. Retrato de Wim Mertens, 1986

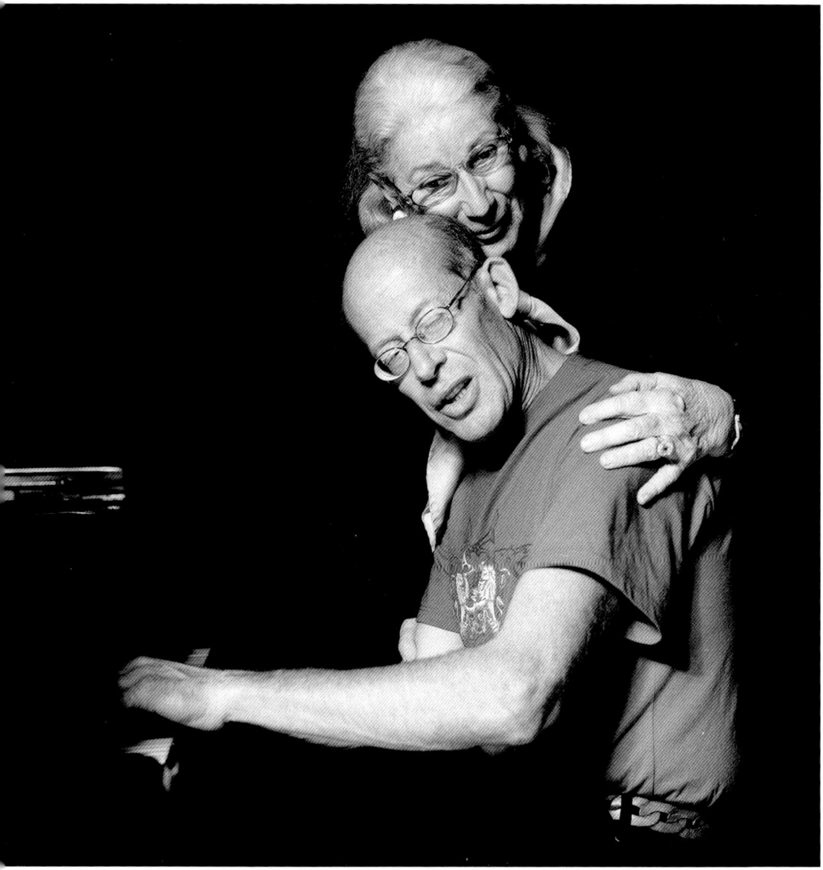

2. Retrato de David y Gillian Helfgott, 2008

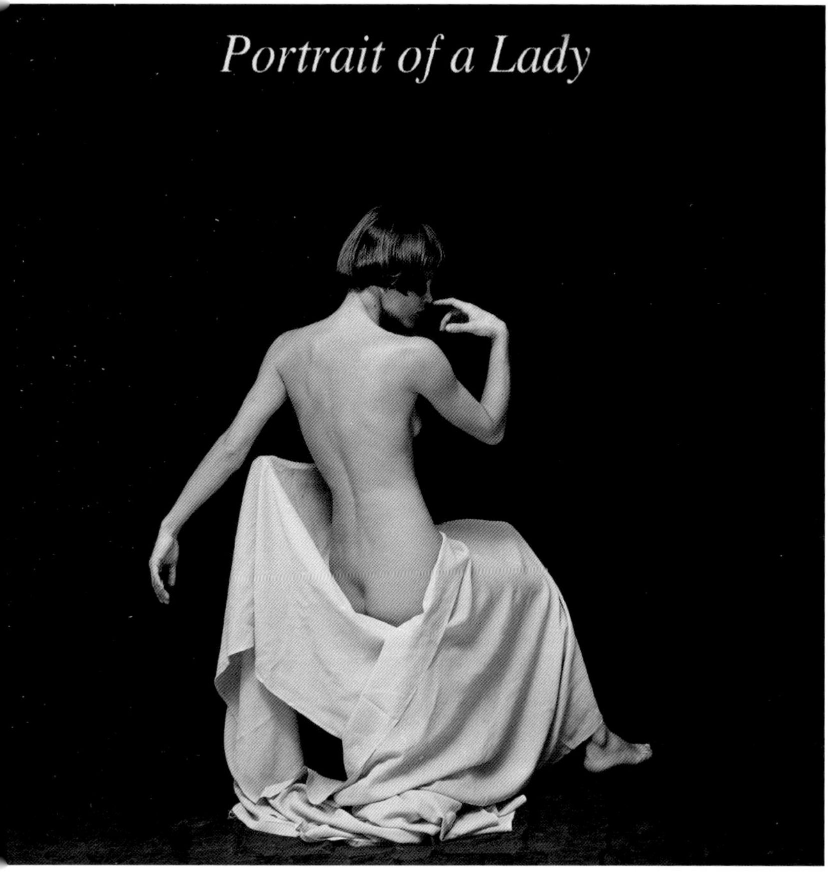

3. Retrato de Brigitte Aschwanden, 1980

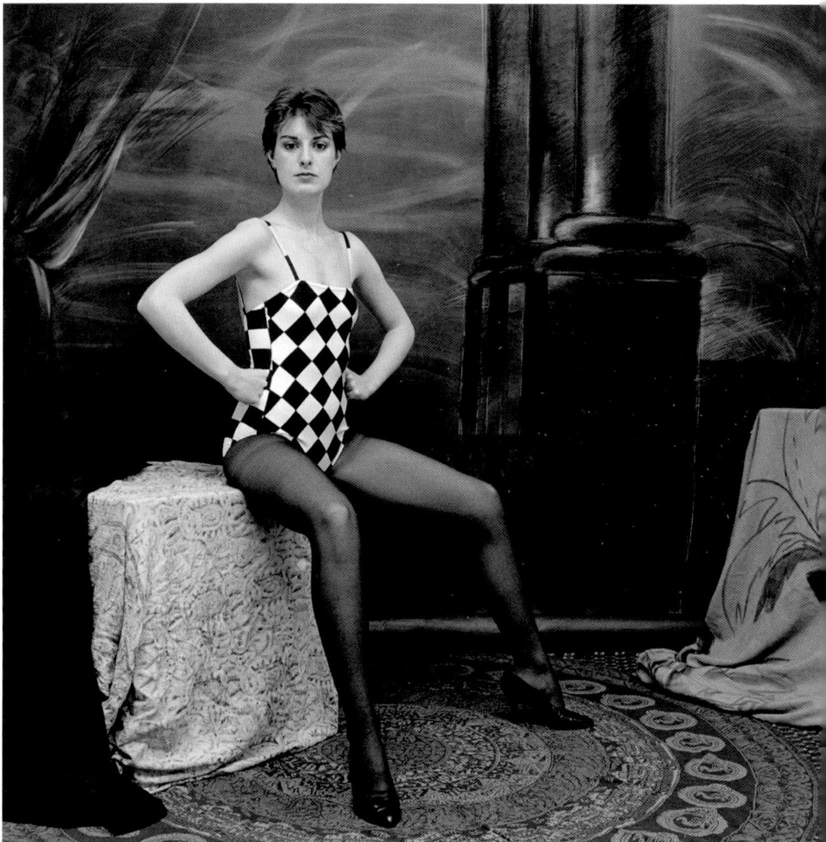

14. Retrato de Alicia Baldwin a la manera de *La Boudeuse*, 1982

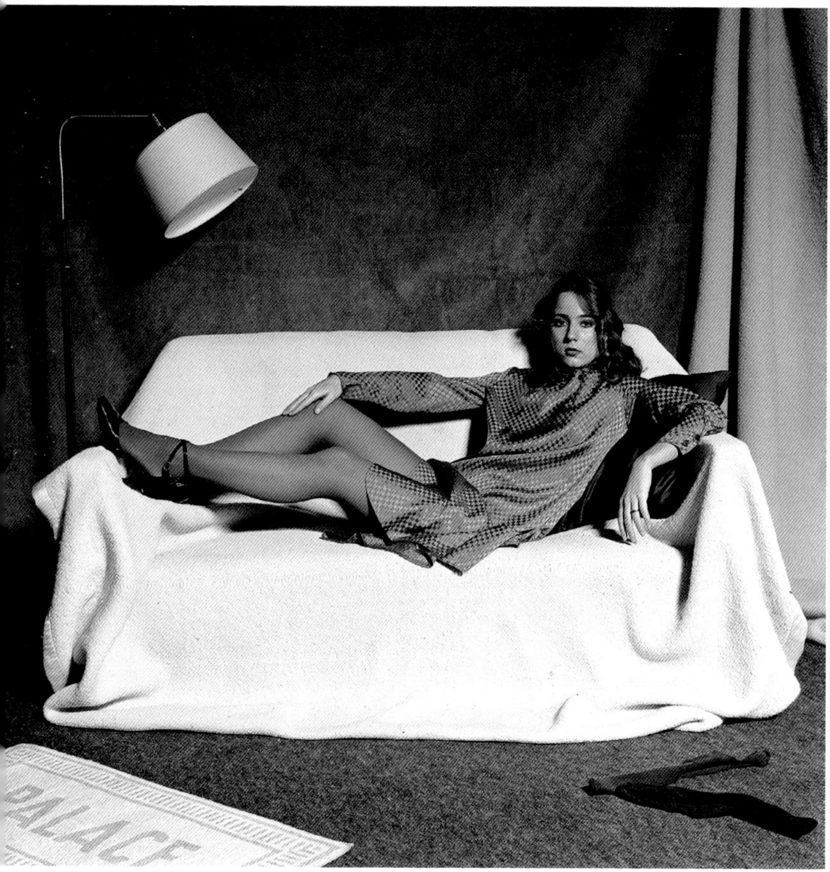

5. Retrato a la manera de Victorine Meurent, 1979

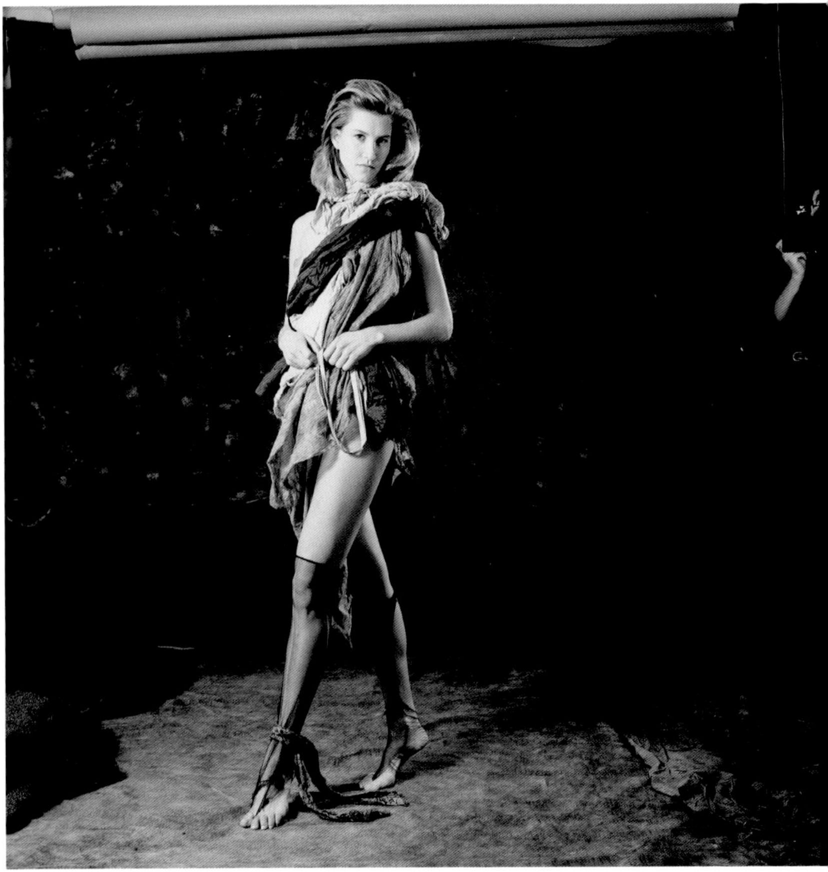

16. Retrato de estudio, 1988

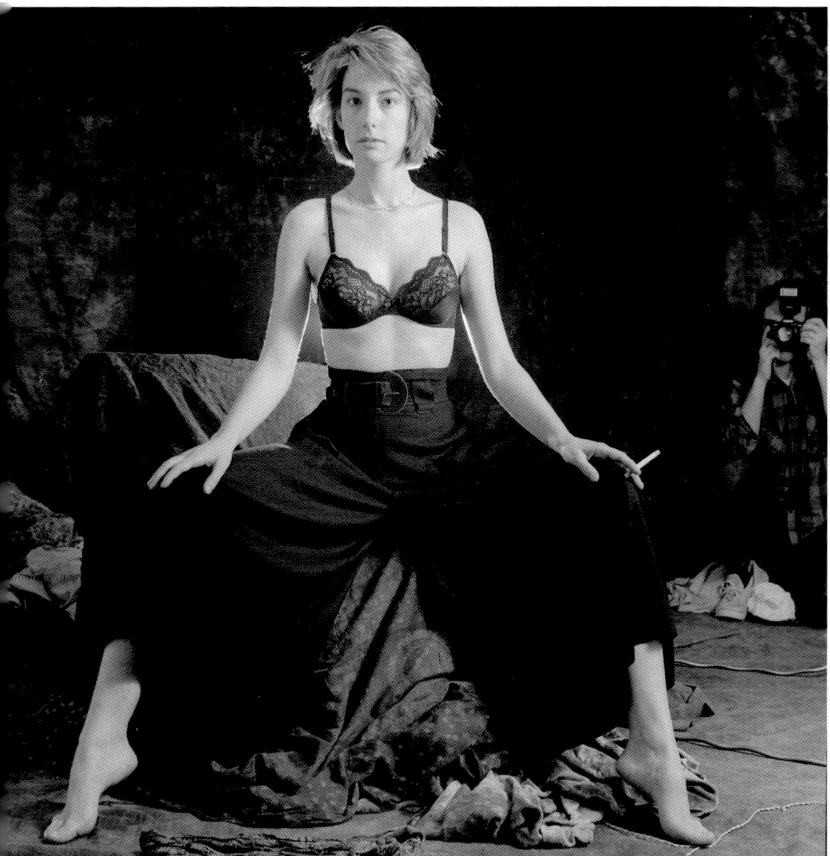

7. Retrato de estudio, 1988

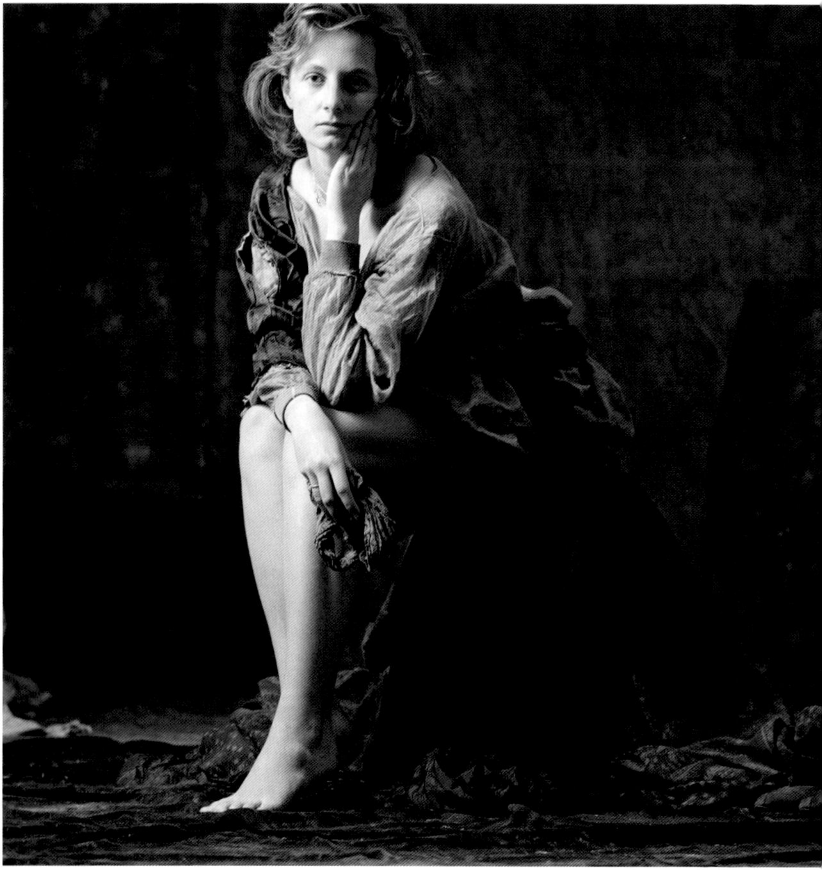

18. Retrato de estudio, 1988

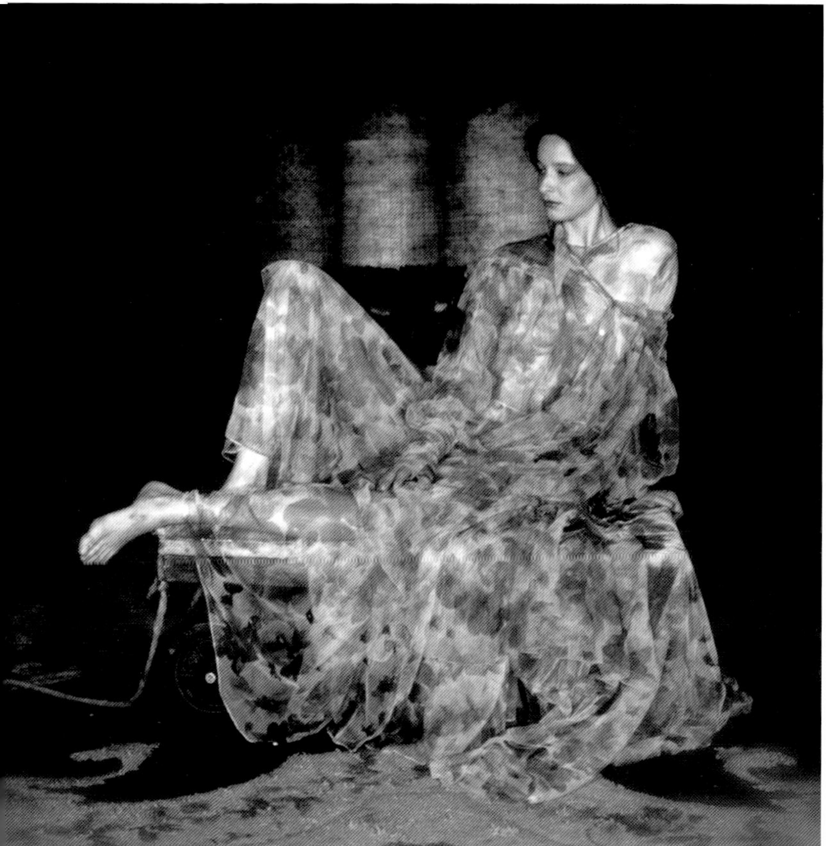

•. Paola Dominguín / Francis Montesinos, 1986

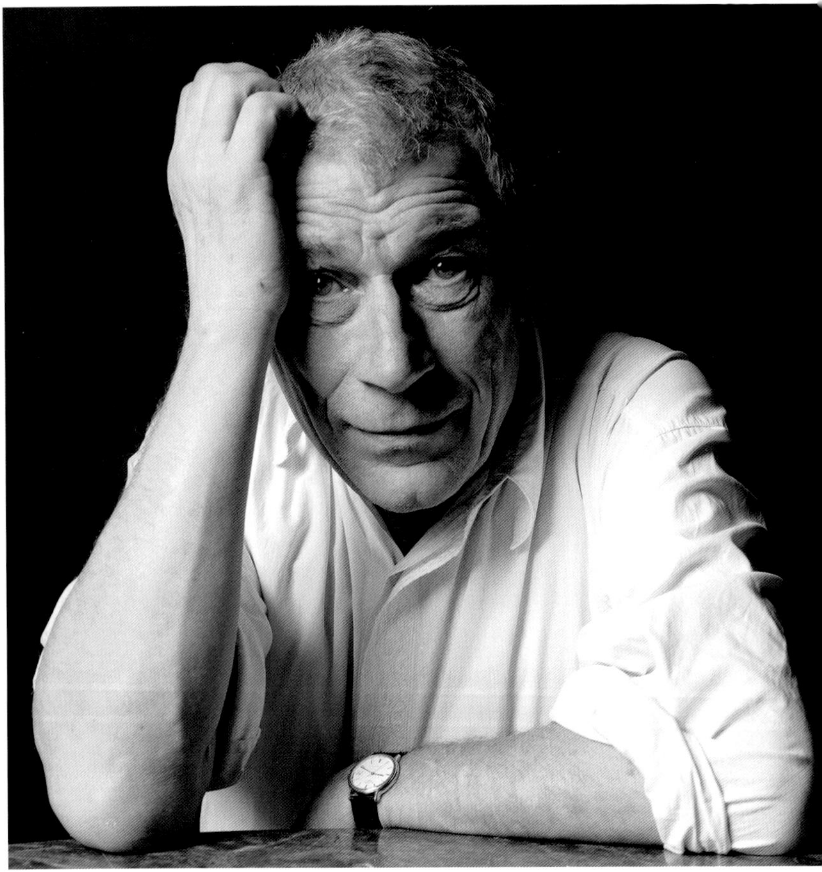

20. Retrato de John Berger, 1992

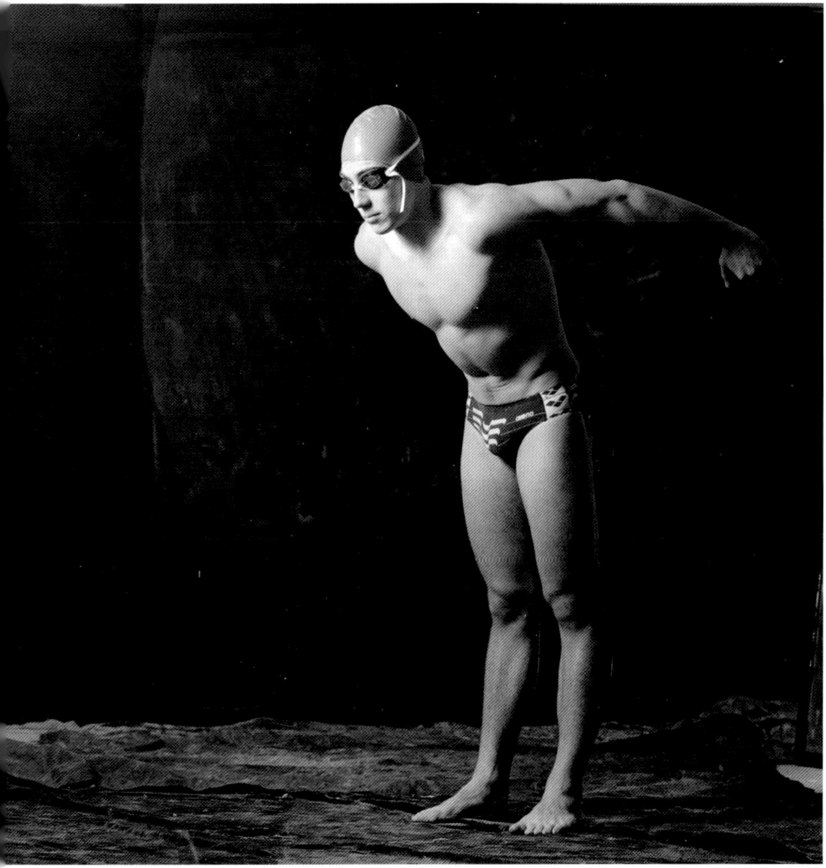

. Nadador olímpico (Juegos de Seúl) / *Vogue*, 1988

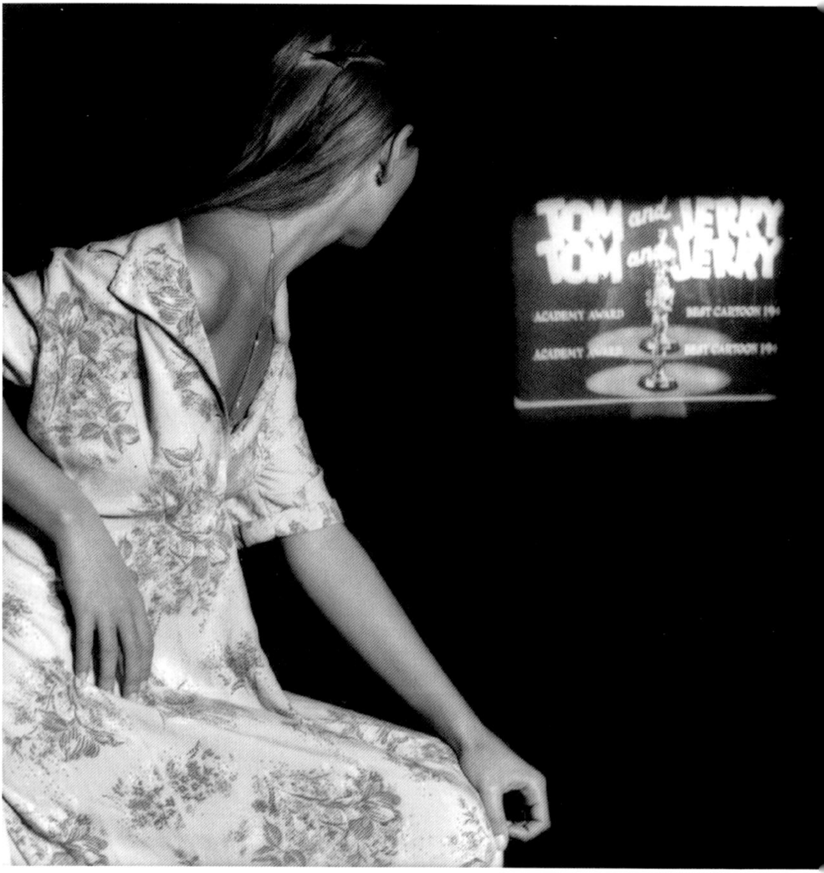

22. Lucía se dispone a ver una película de Tom y Jerry, 1979

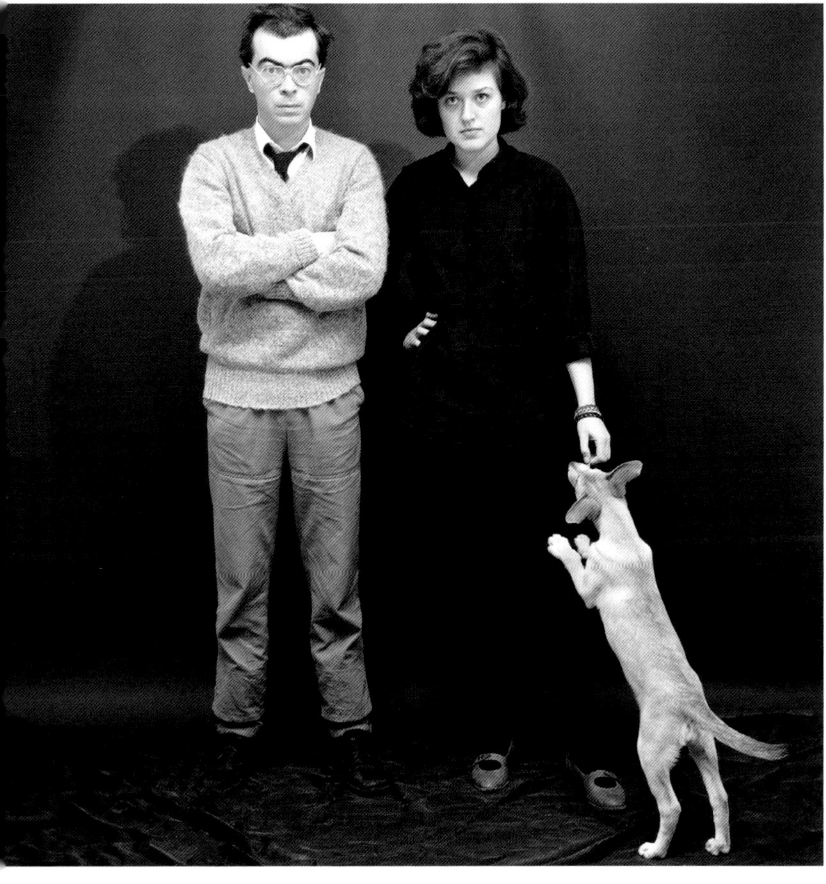

3. Retrato de Bárbara y Pepe, 1984

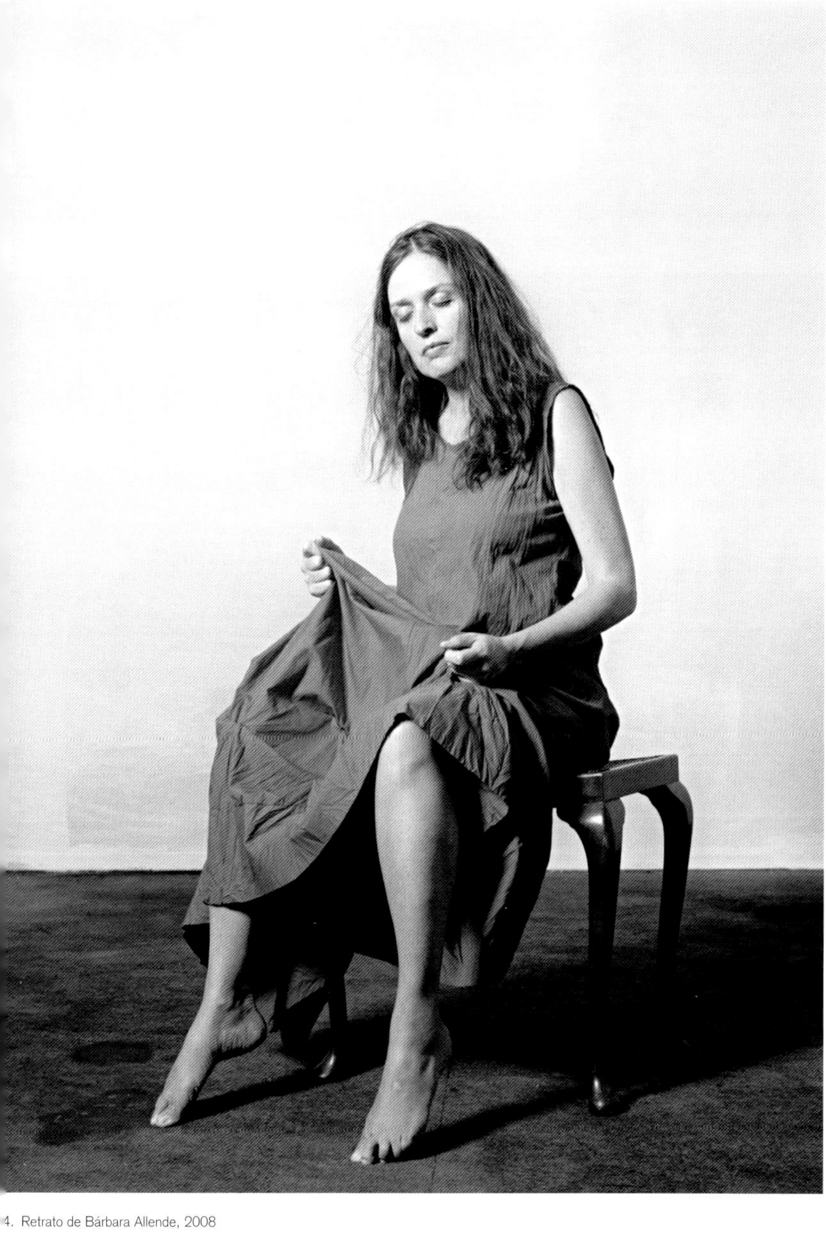

4. Retrato de Bárbara Allende, 2008

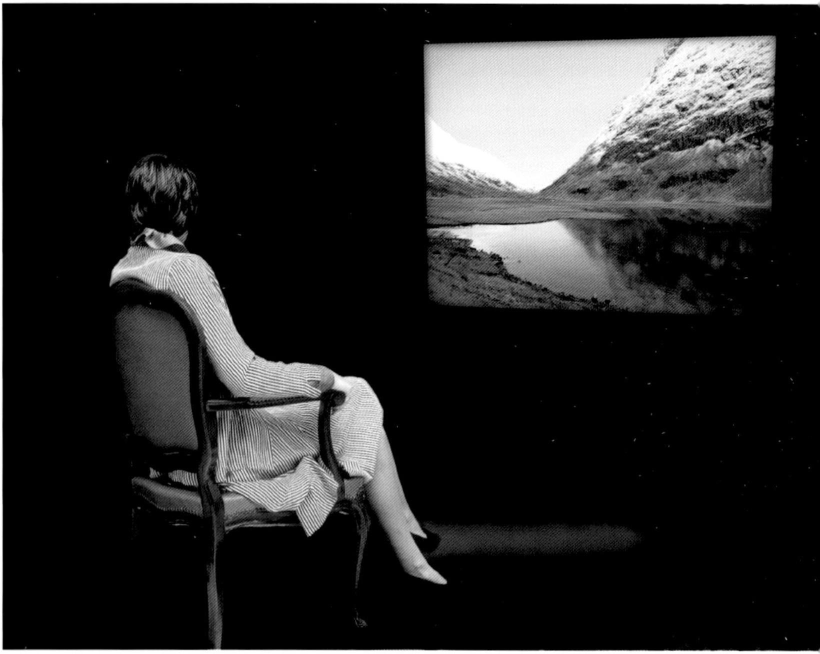

25. Vista del lago de Como, 1983

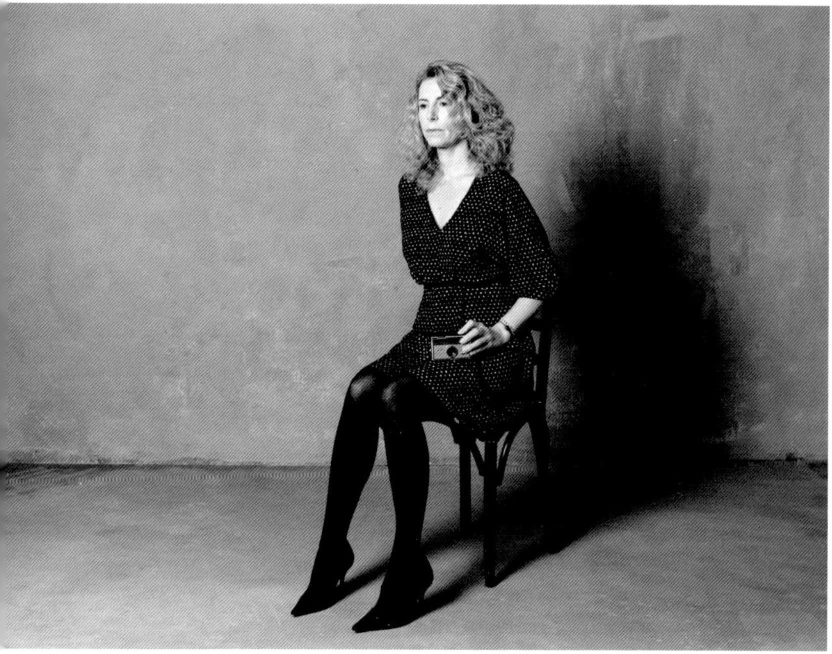

6. Retrato con cámara Kodak Instamatic, 2012

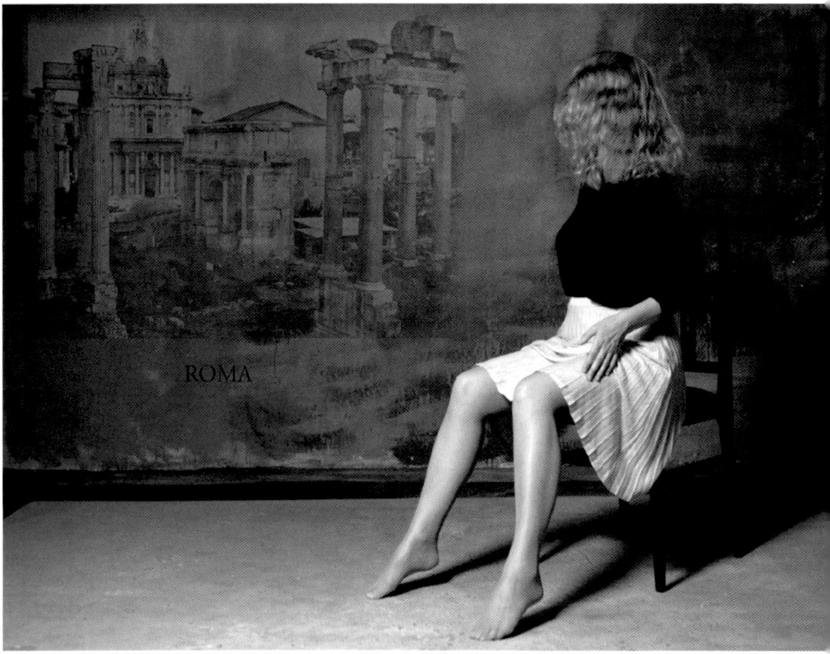

27. Vista de Roma, 2016

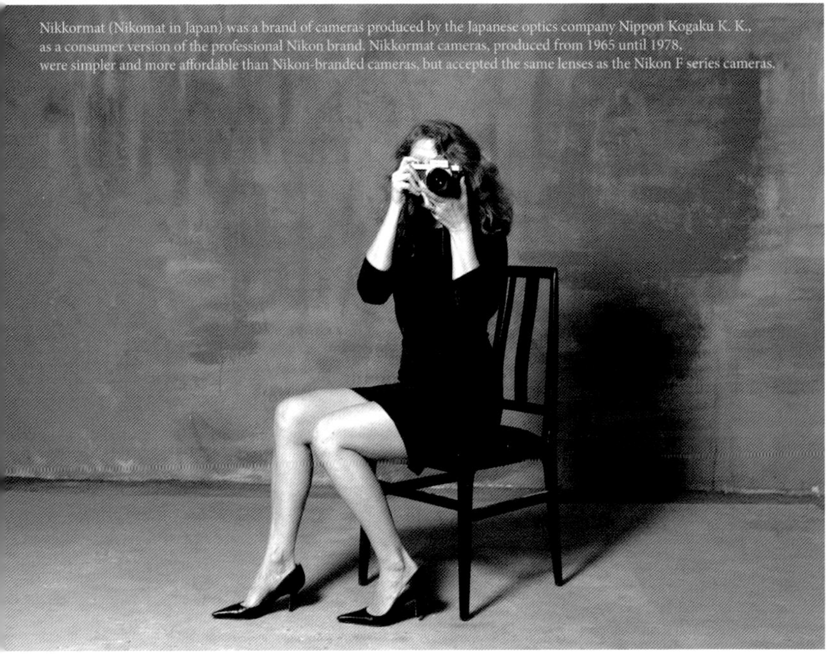

8. Retrato con cámara Nikkormat, 2016

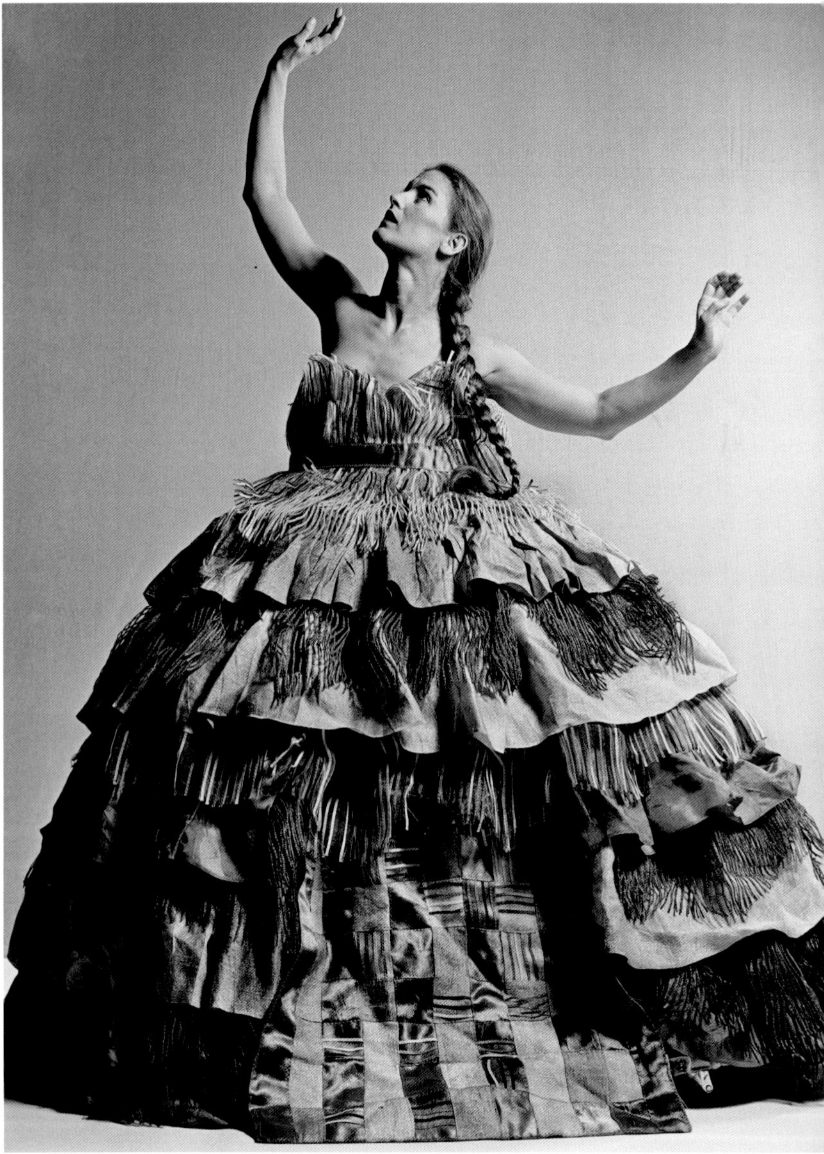

29. Margie Gillis, 1986

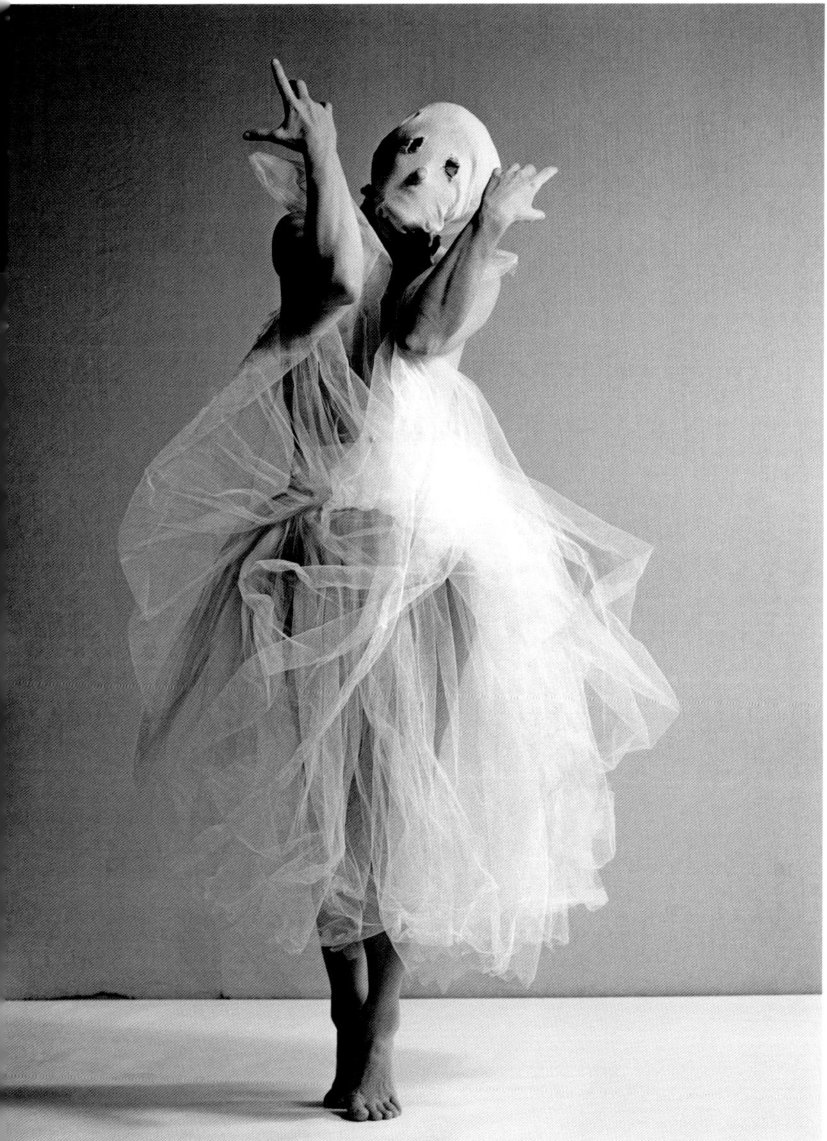

). Margie Gillis, 1986

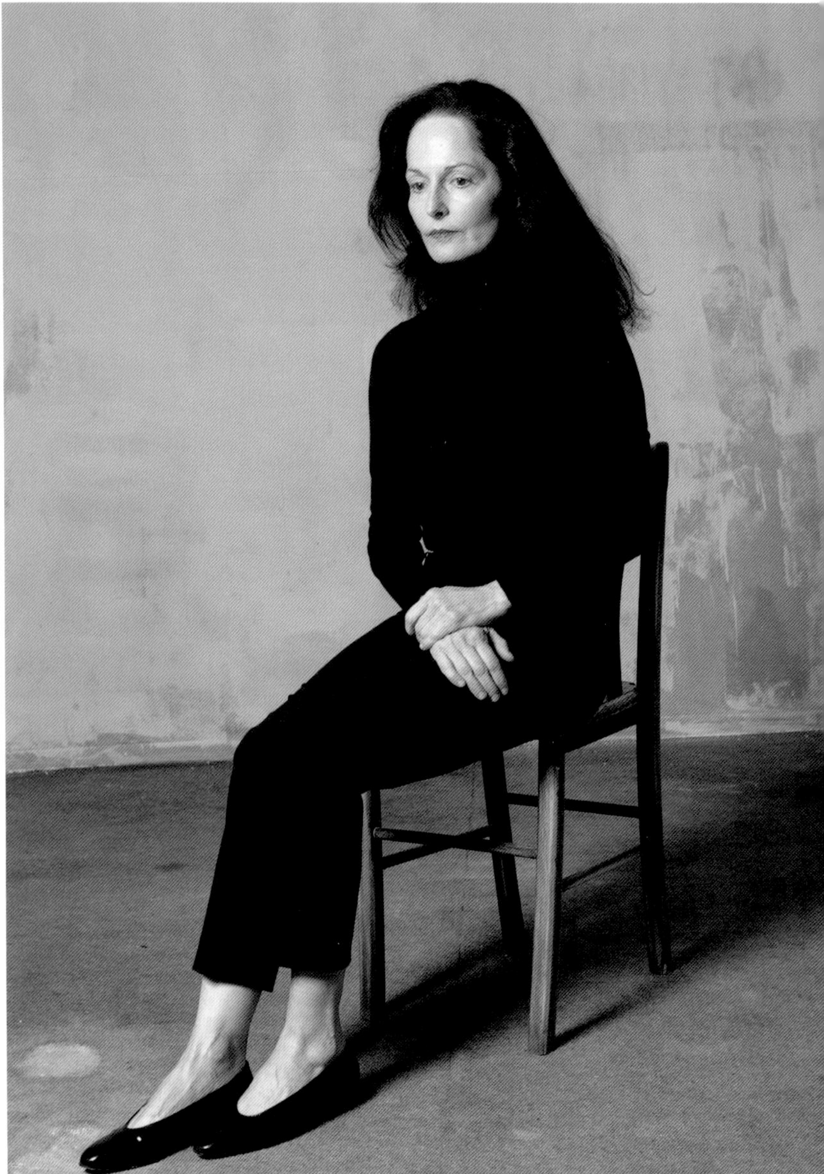

31. Retrato de Isabel Muñoz, 2010

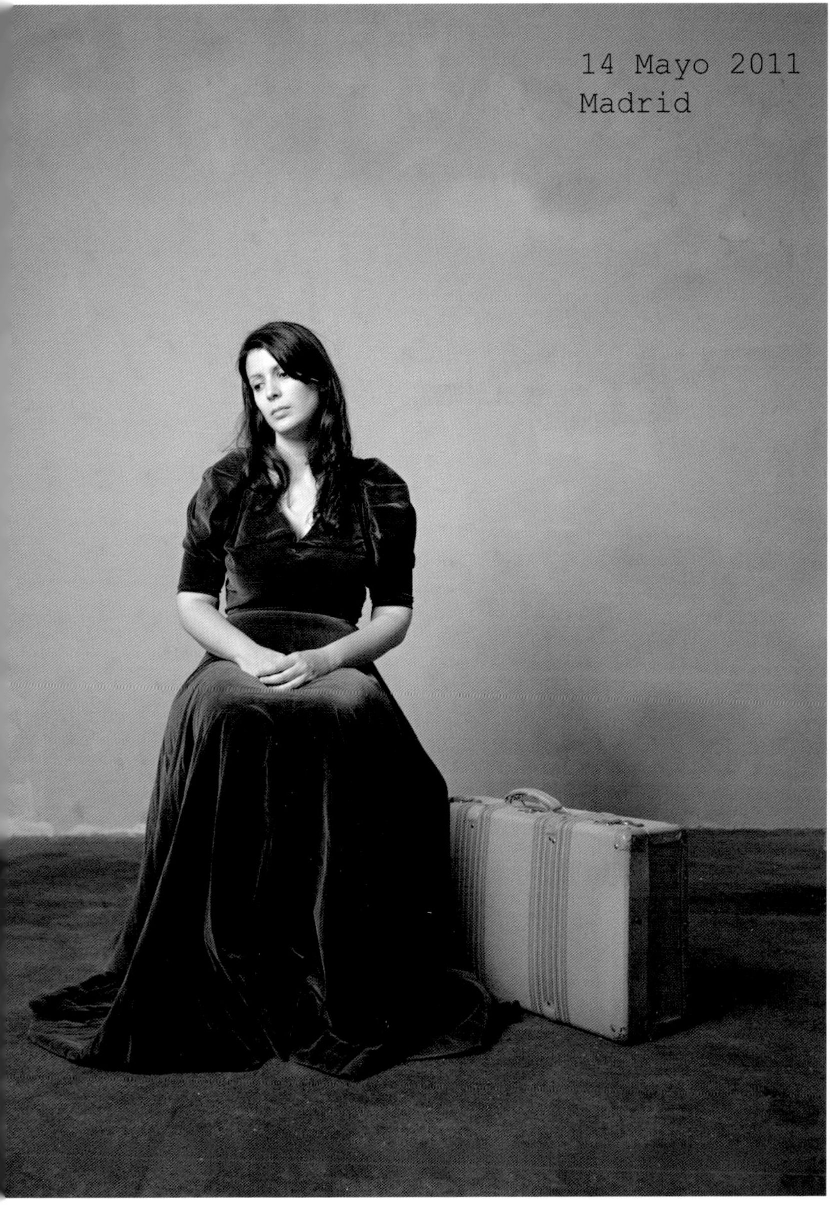

2. *Remake* de una fotografía de Isabel Tallos, 2011

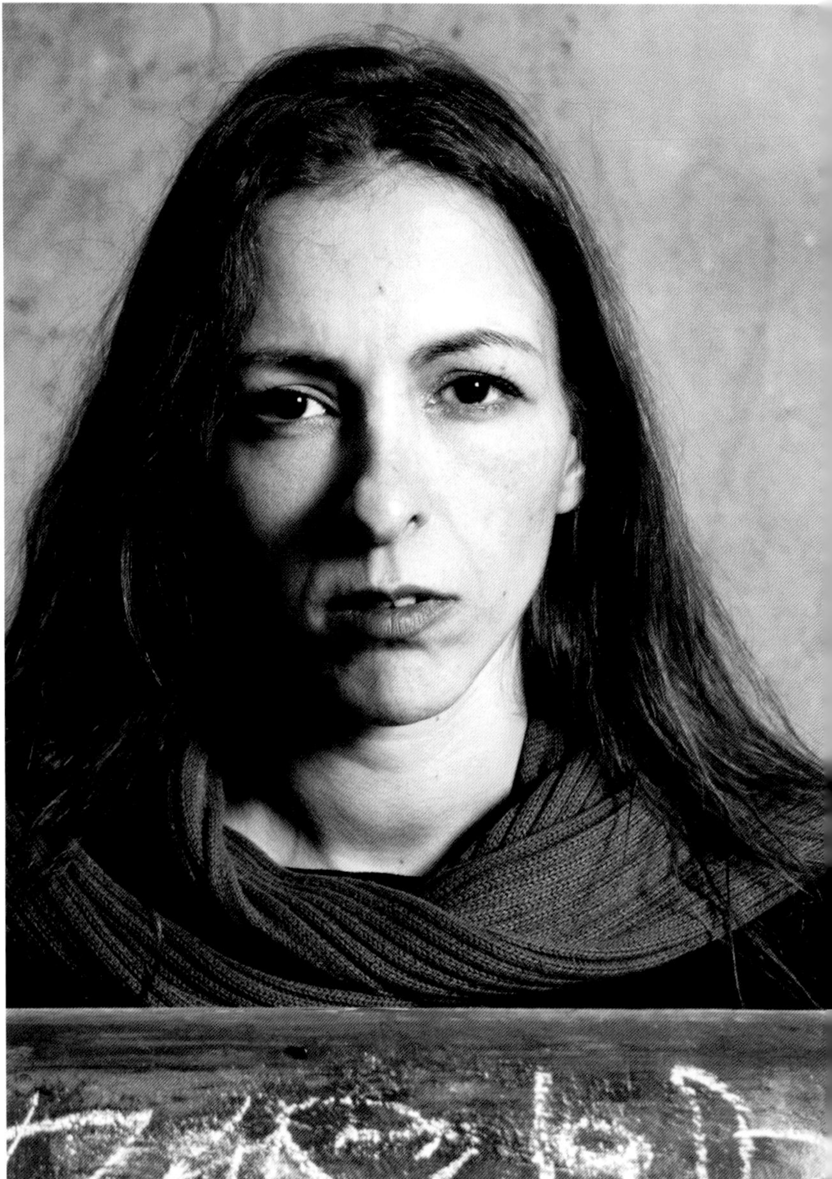

33. Staged Portrait, 2013

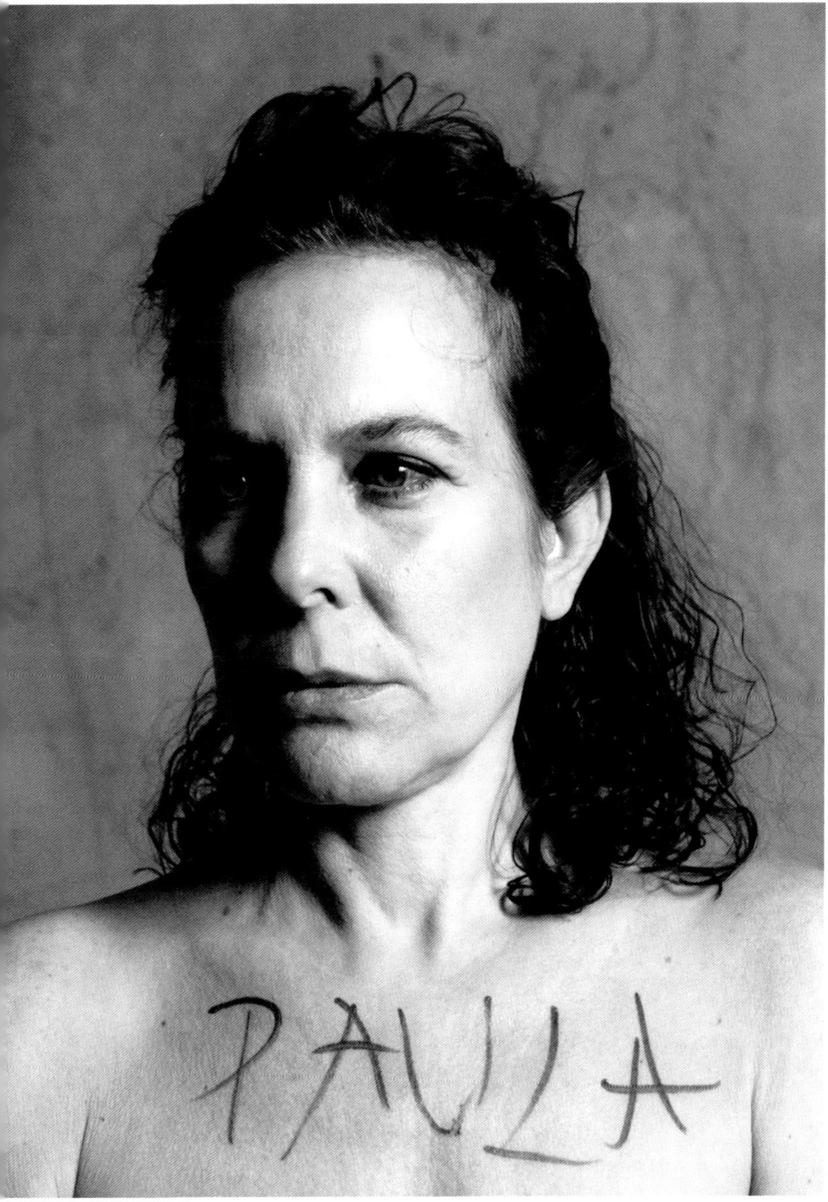

4. Staged Portrait, 2012

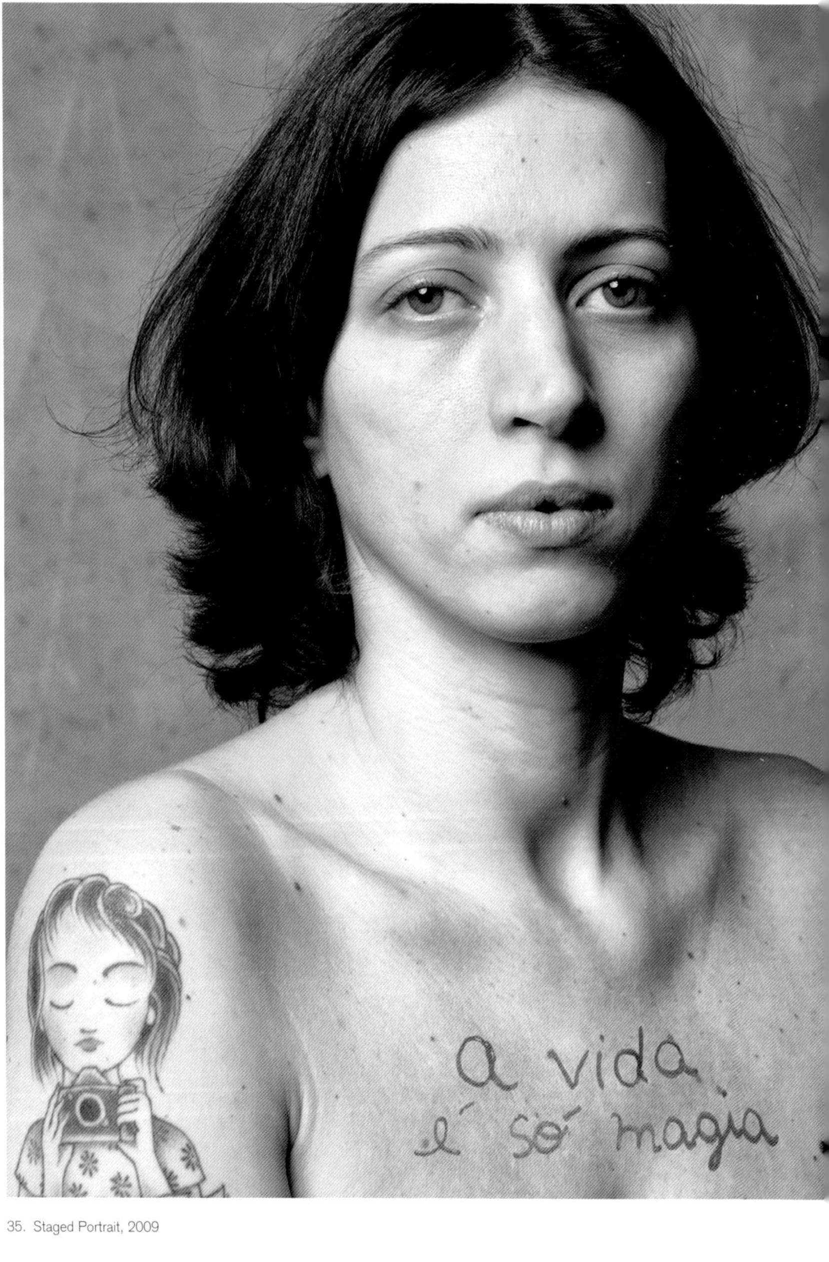

35. Staged Portrait, 2009

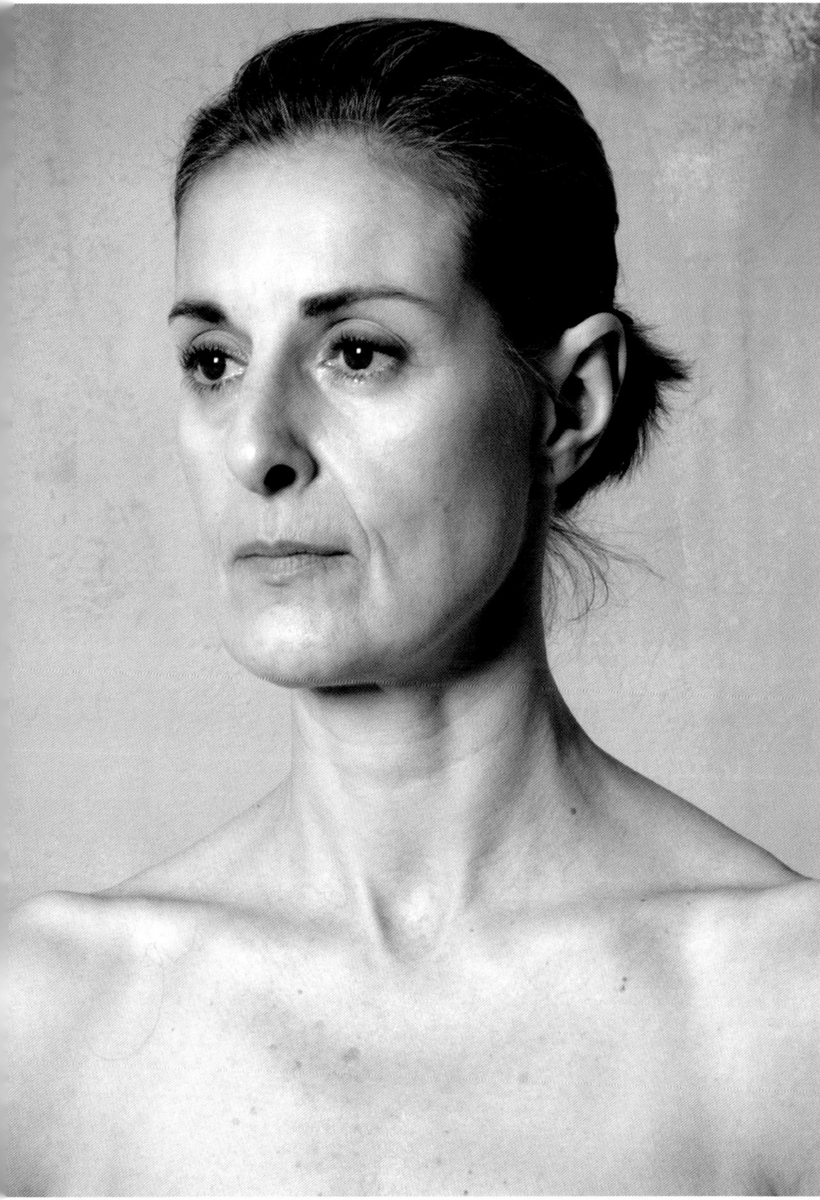

6. Retrato de Alicia Baldwin, 2009

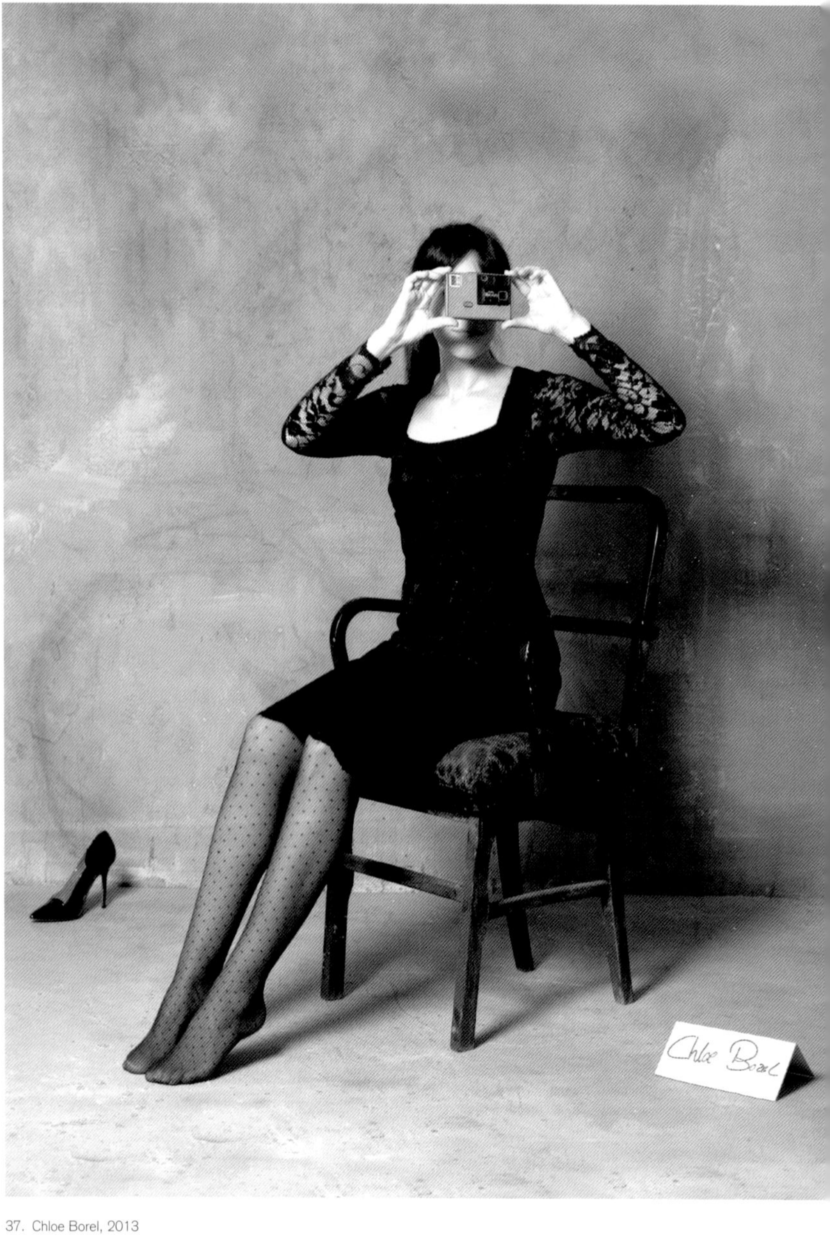

37. Chloe Borel, 2013

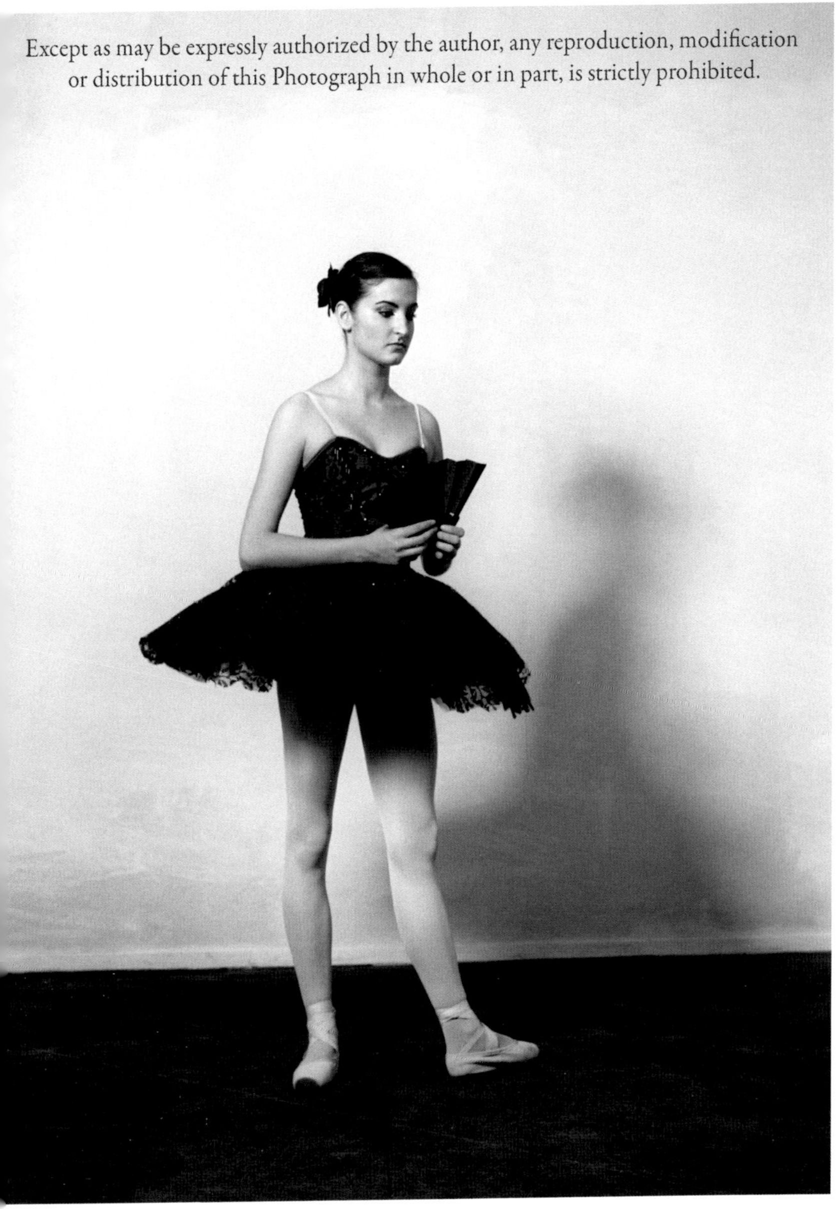

8. Bailarina, 2011

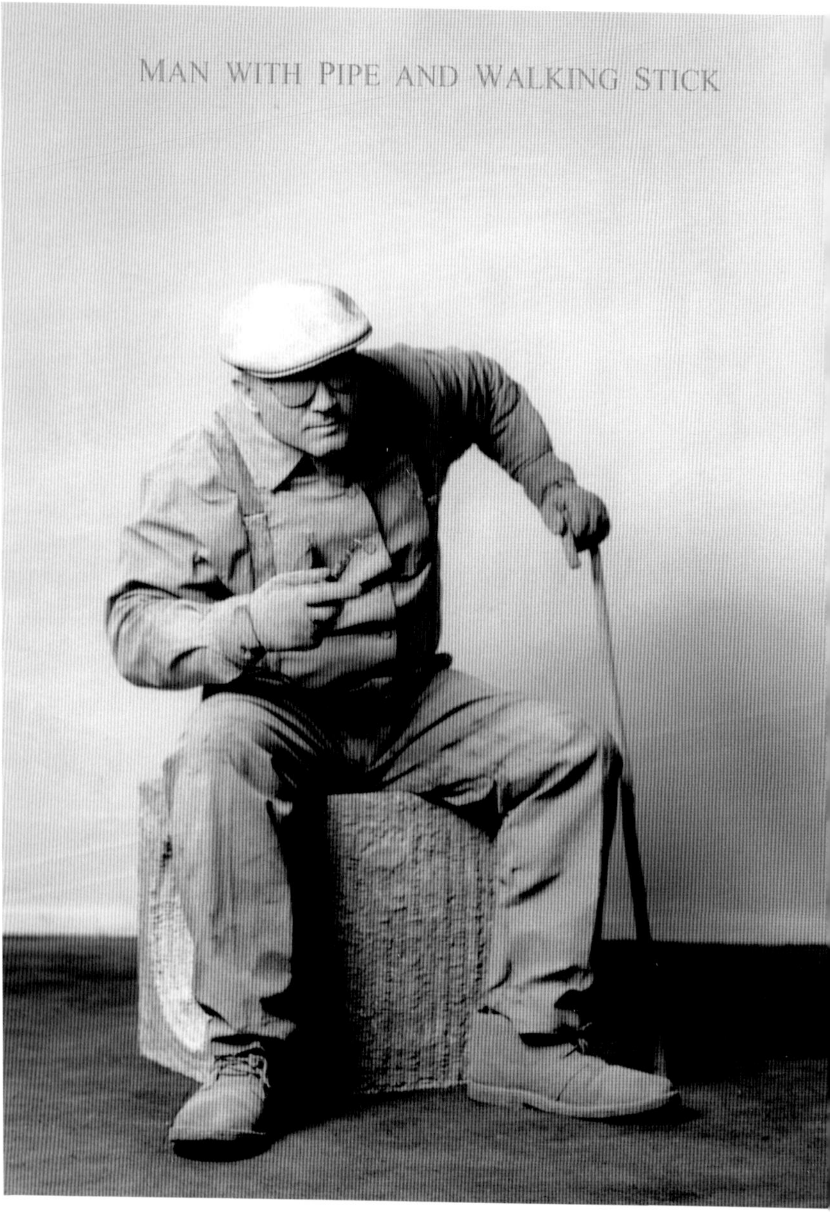

39. Man with Pipe and Walking Stick, 2009

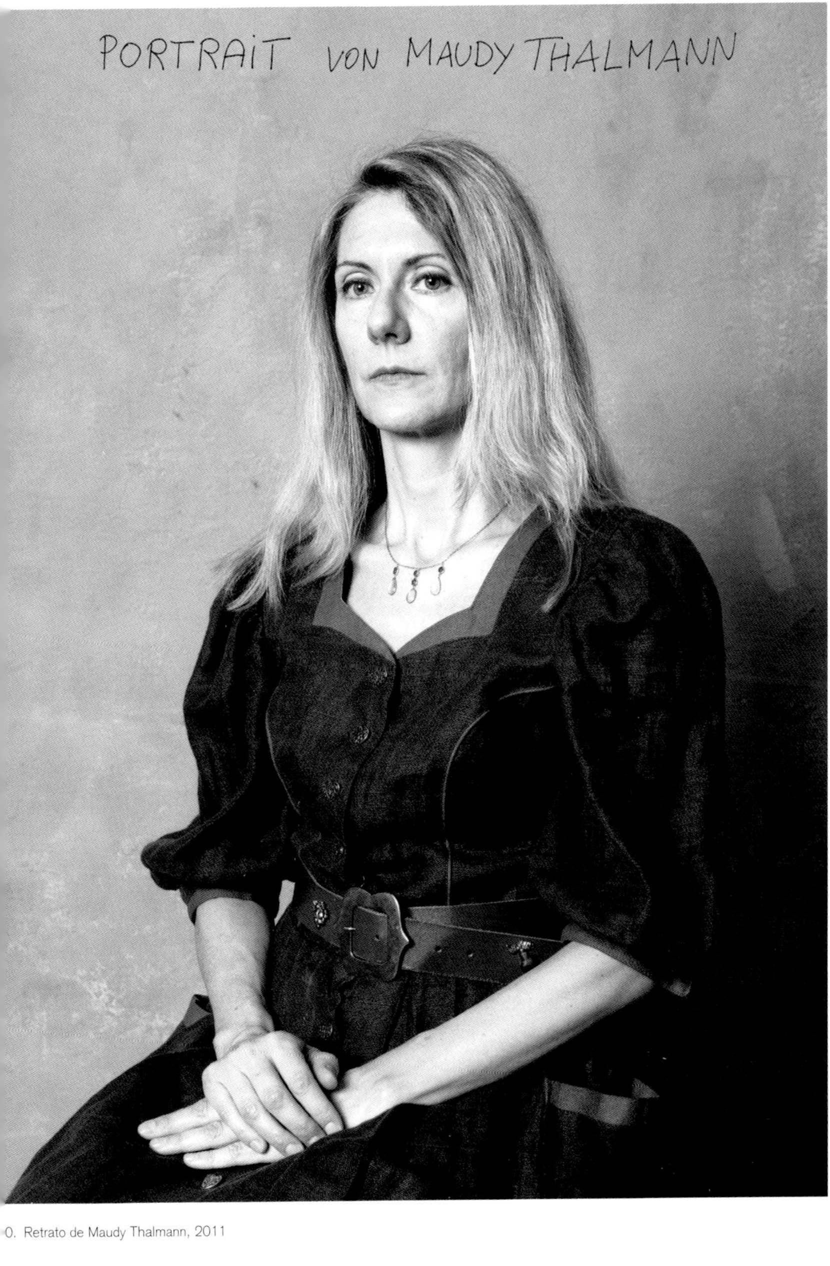

0. Retrato de Maudy Thalmann, 2011

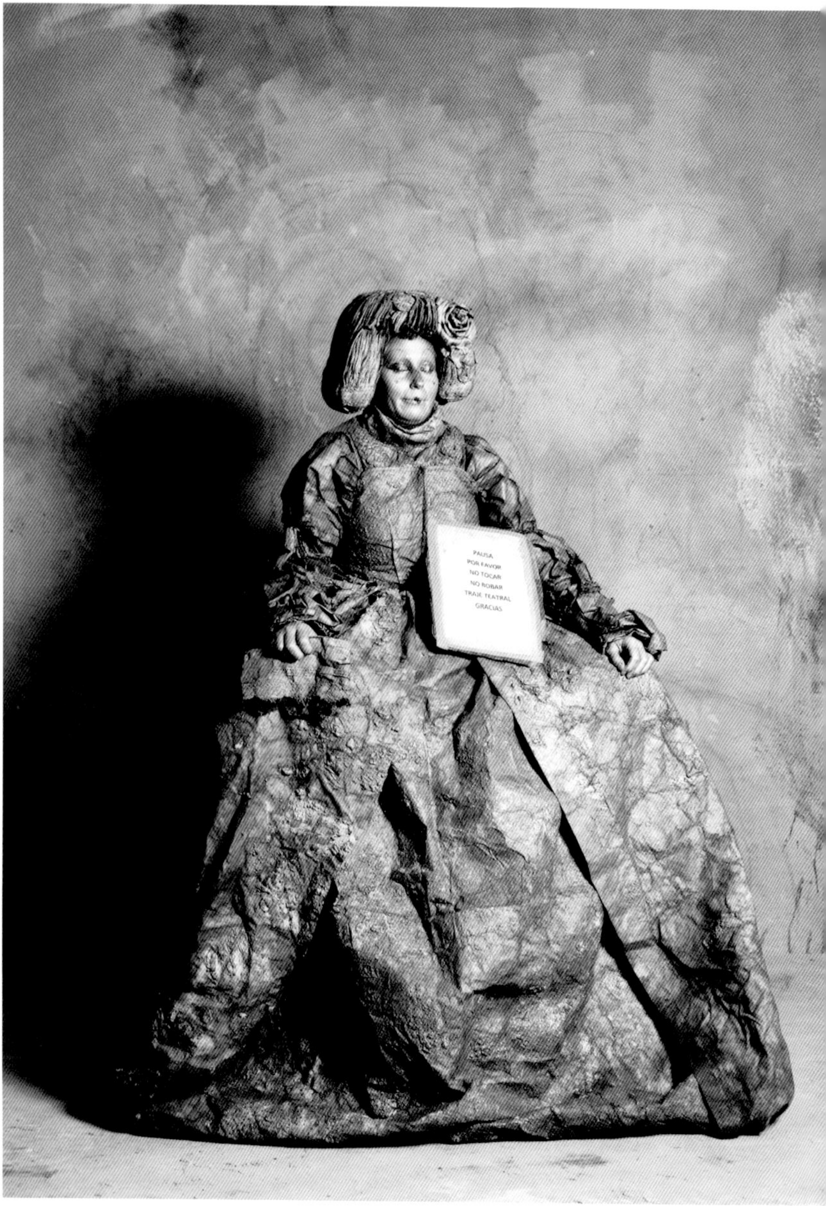

41. Menina, 2013 / Puesta en escena: María Paula Novel

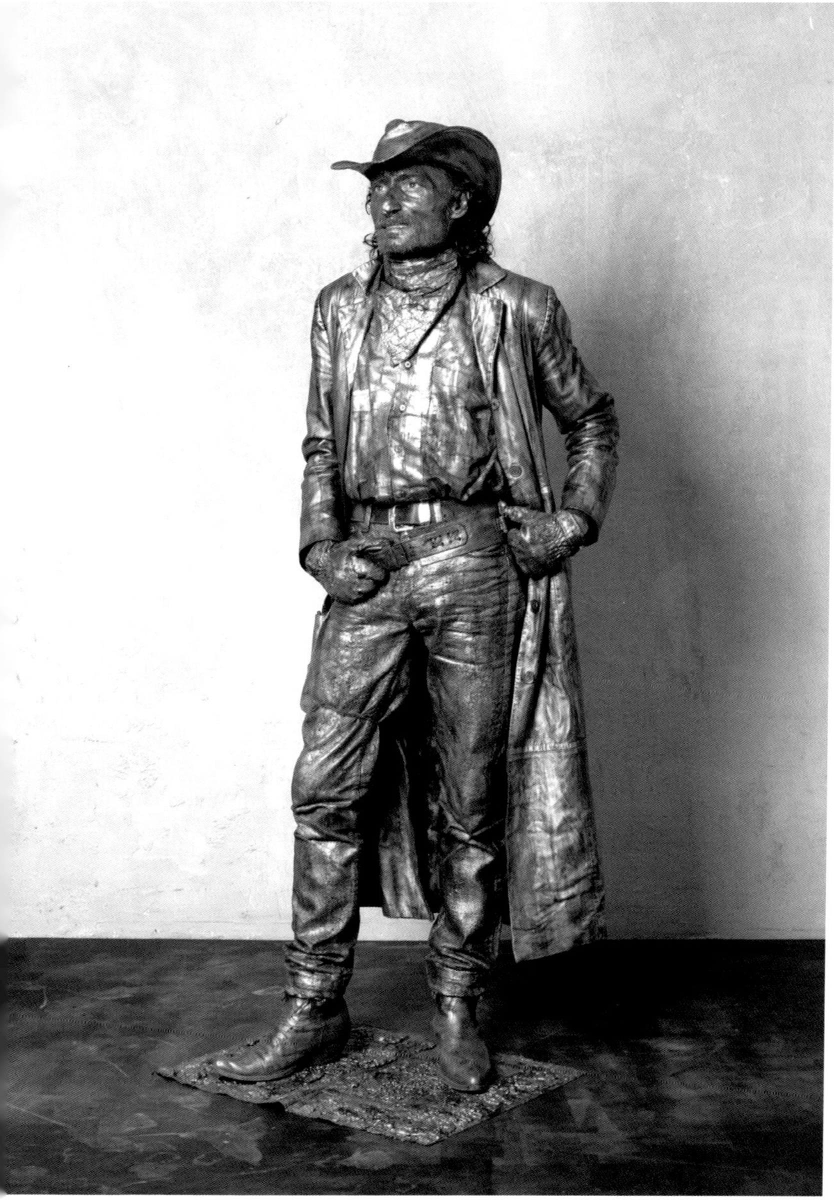

?. The Gunman, 2013 / Puesta en escena: Antonio Mellado

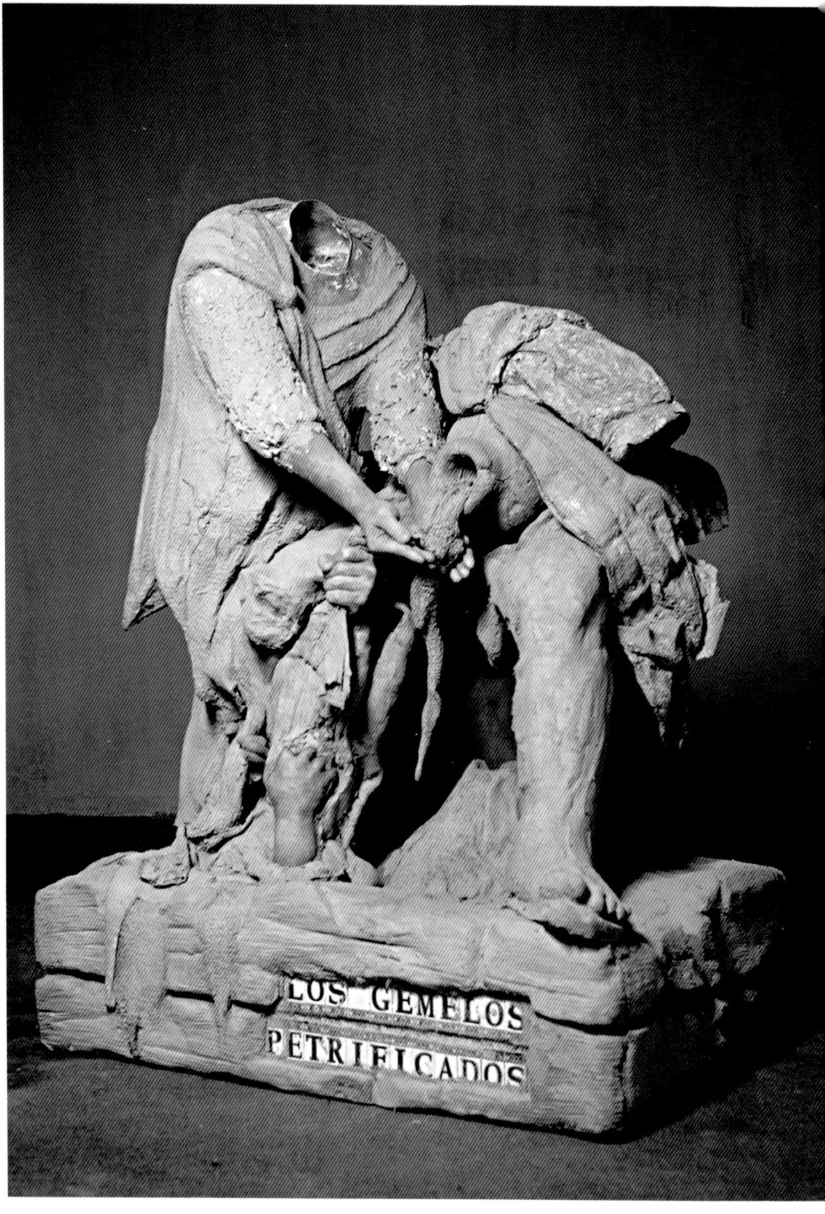

43. Vesubio – Pompeya, 2010 / Puesta en escena: Favian Bernard Kornreich

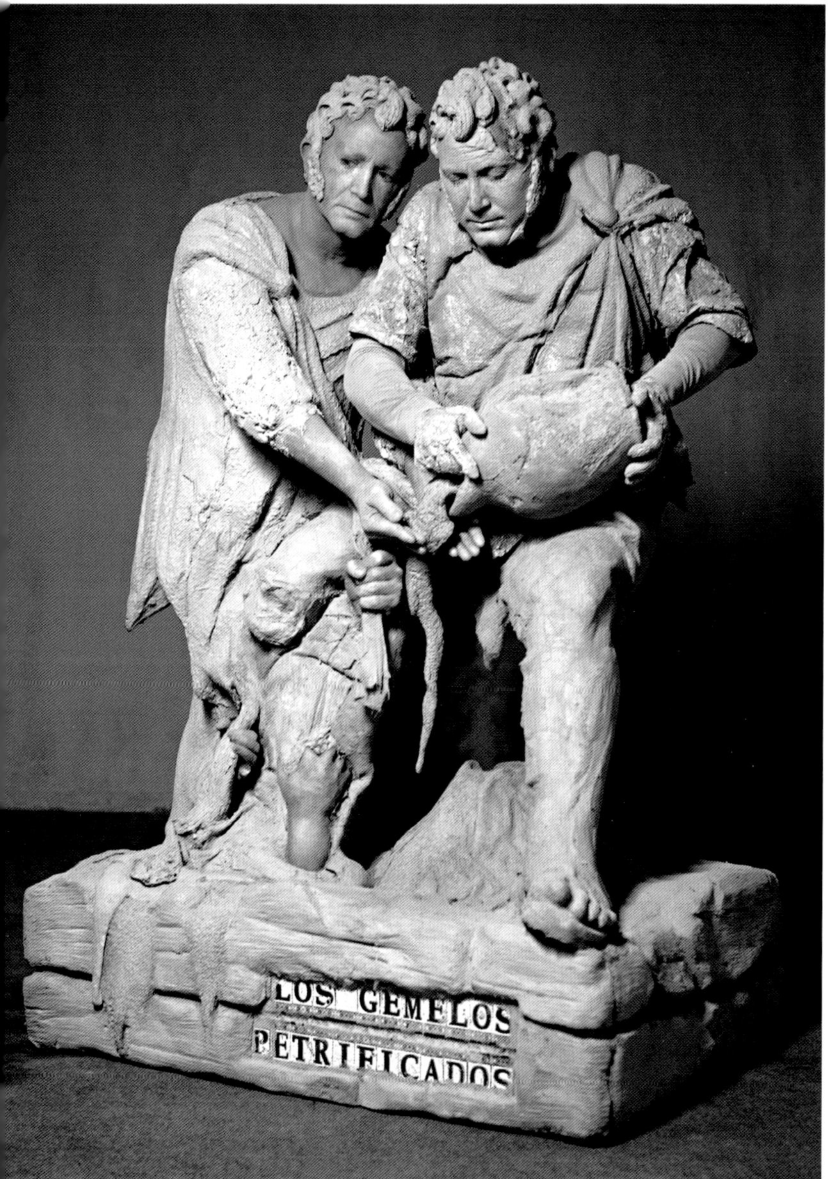
LOS GEMELOS
PETRIFICADOS

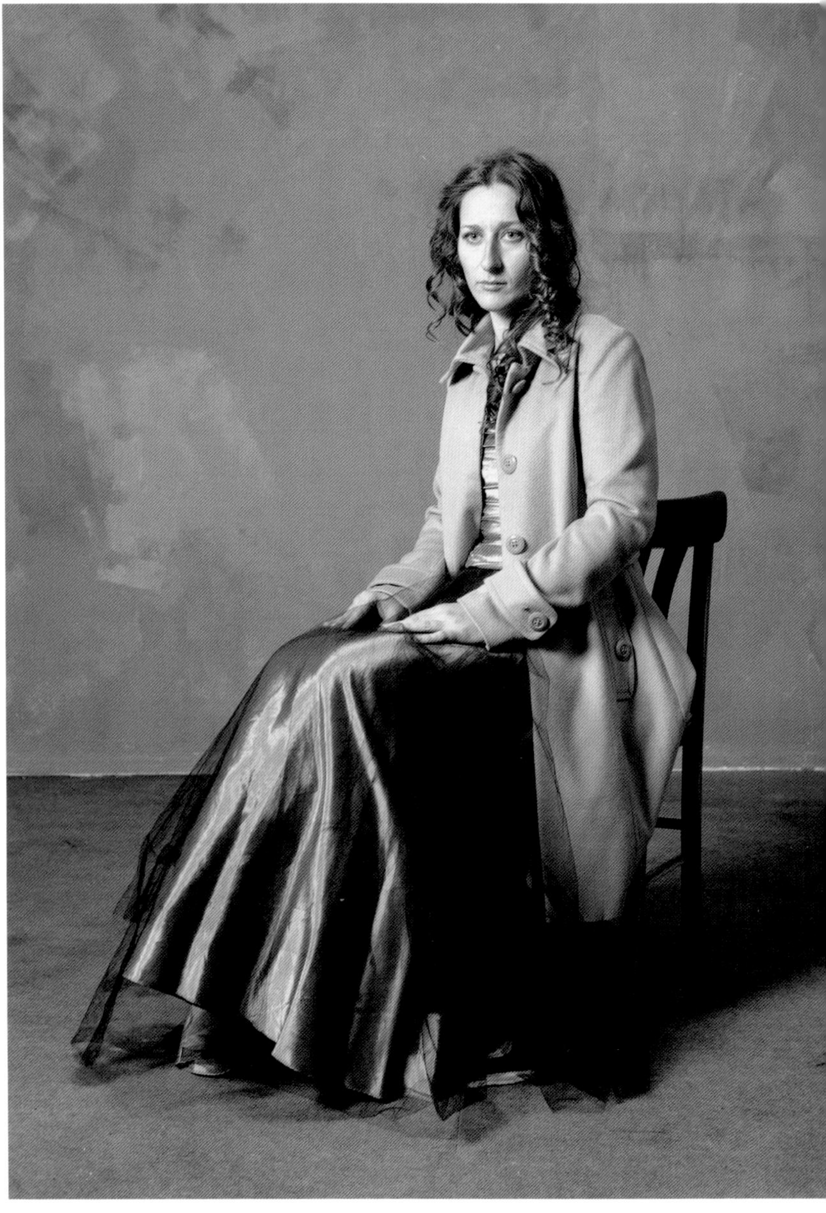

44. Retrato de Elena Mikhailova, 2009

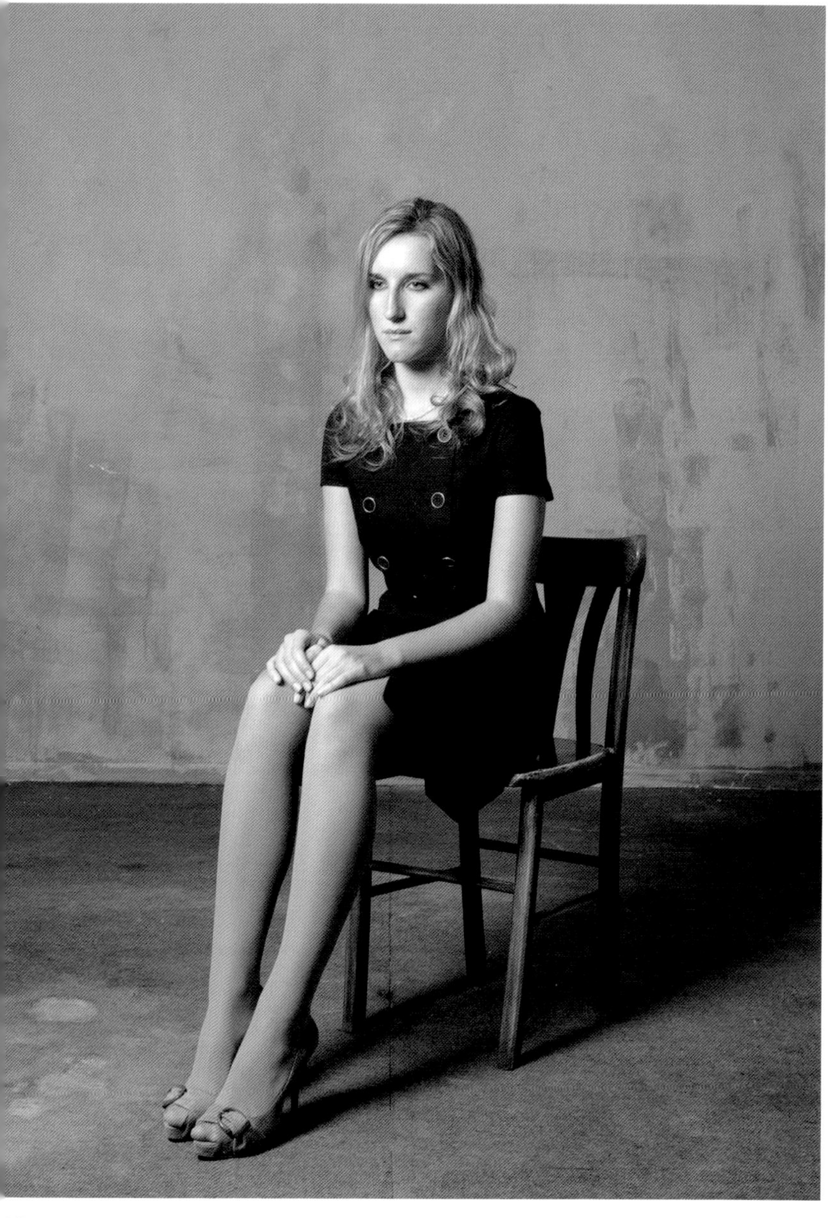

6. Retrato de Katy Mikhailova, 2009

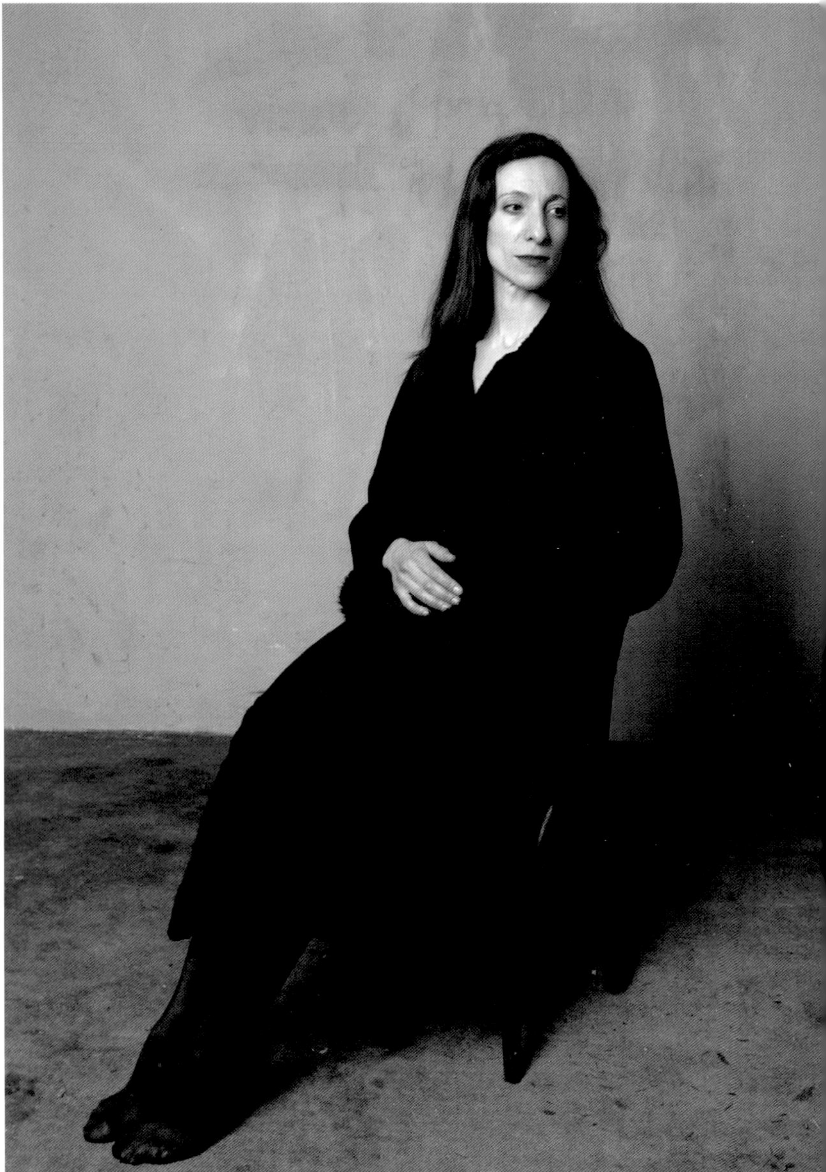

46. Retrato, 2011

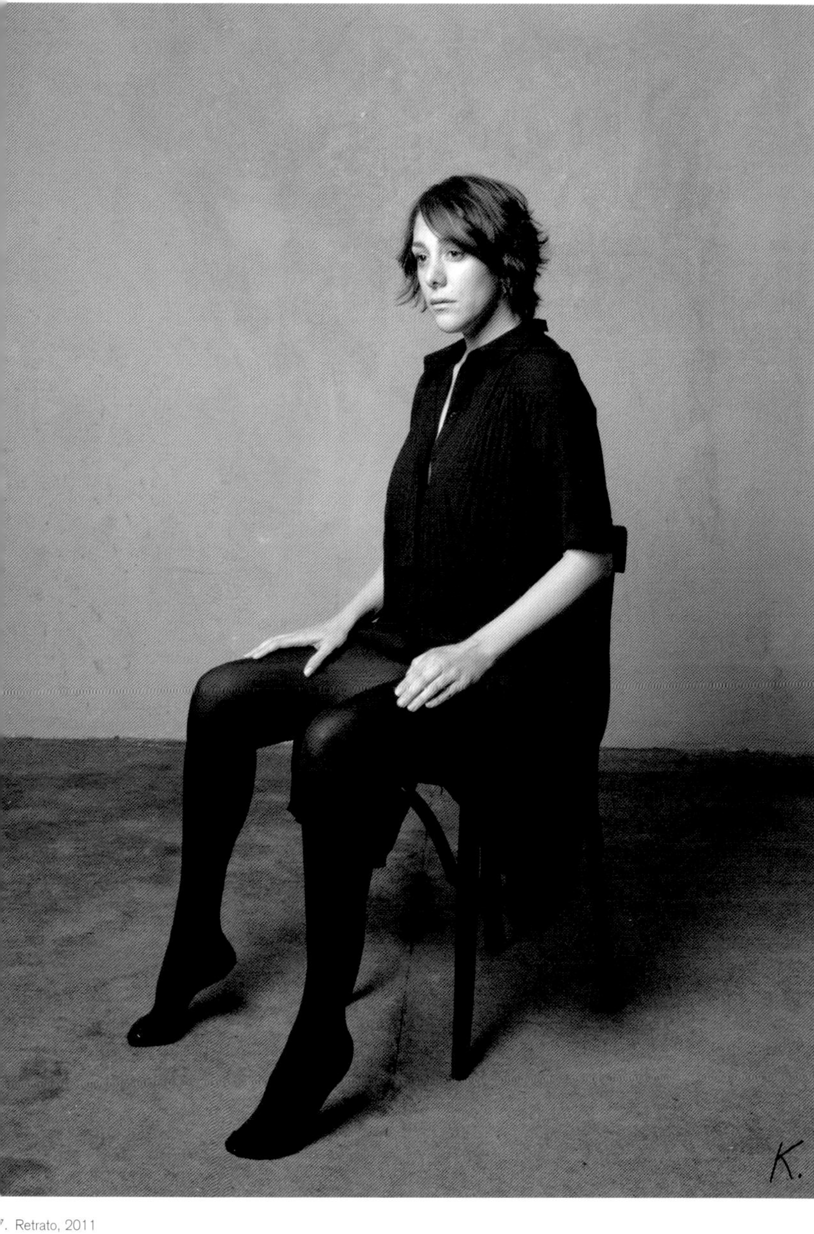

'. Retrato, 2011

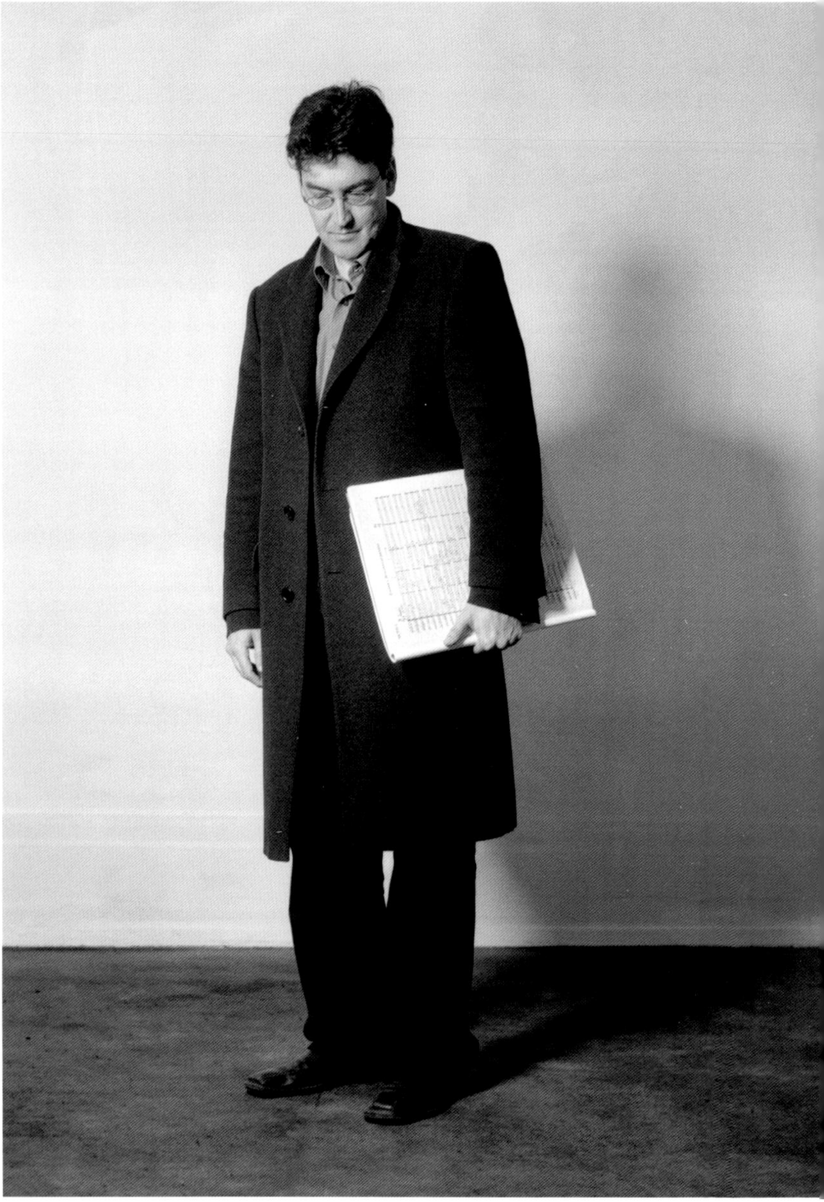

48. Retrato de José María Sánchez-Verdú, 2006

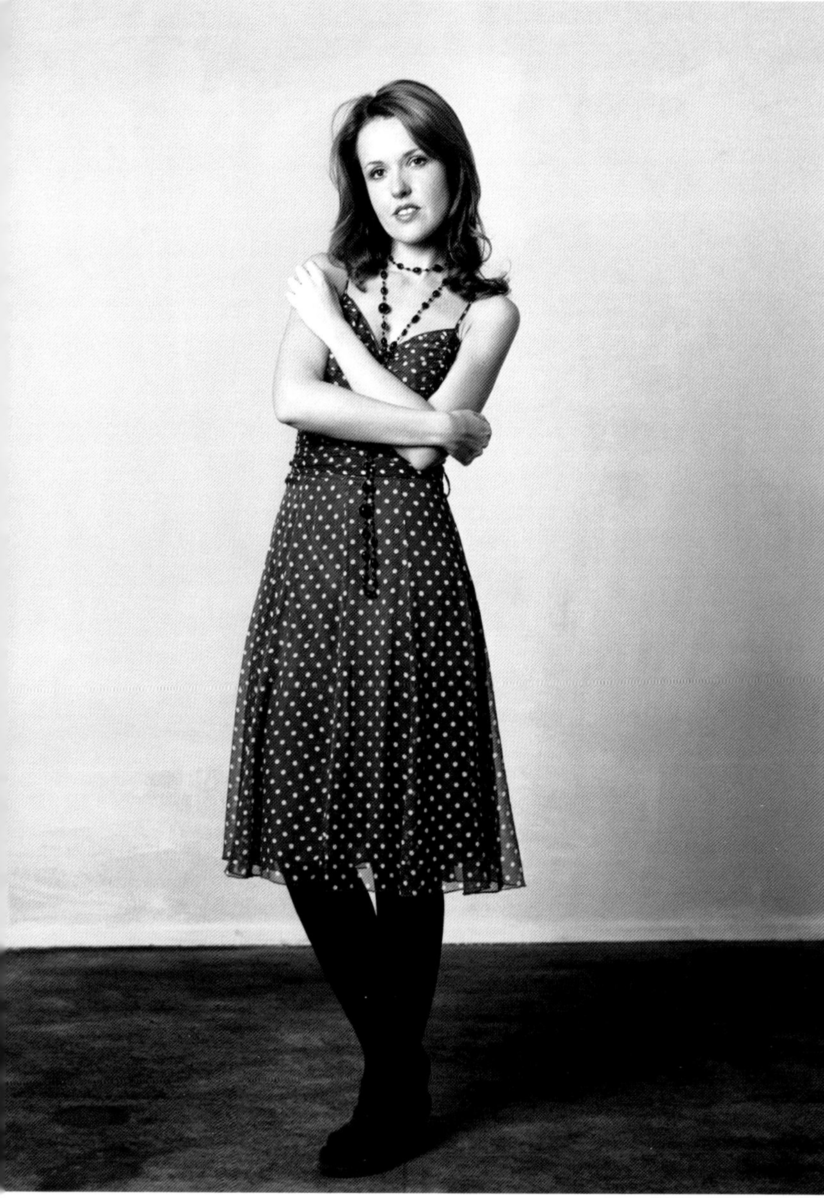

9. Retrato de Vanessa Montfort, 2006

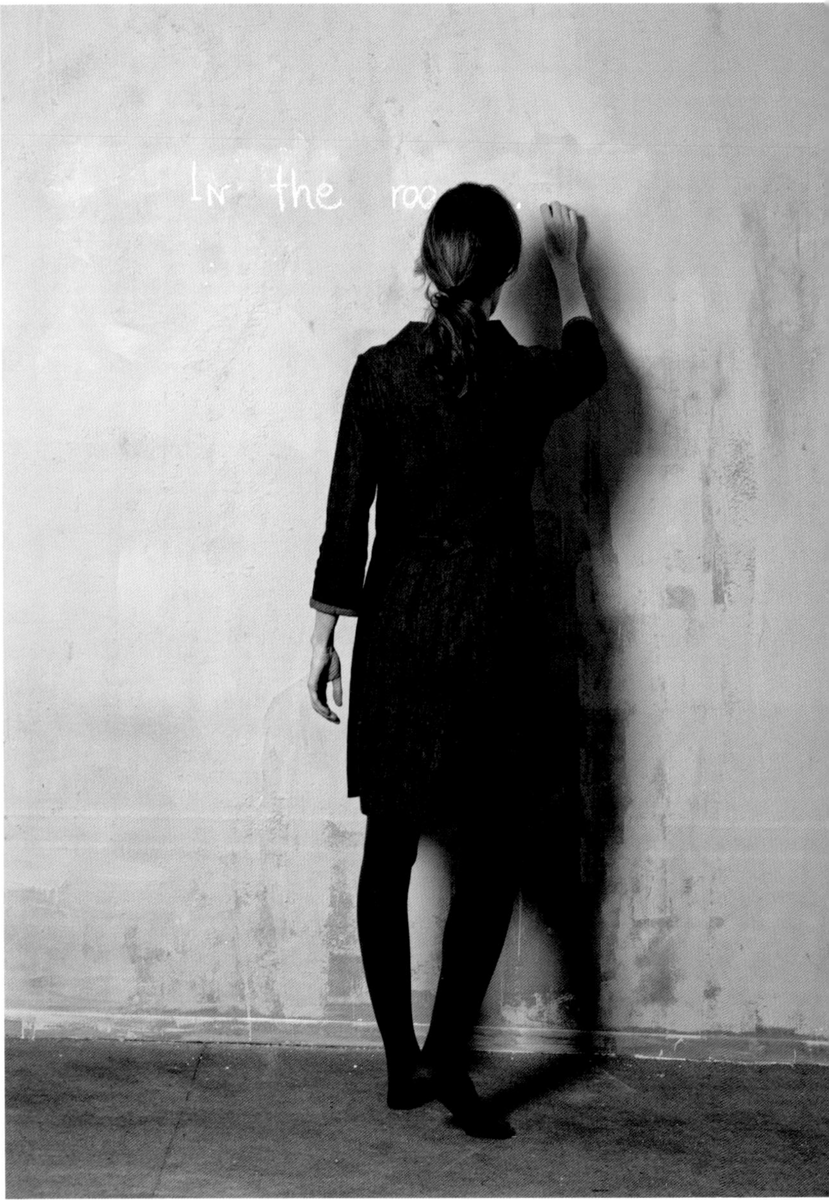

50. Acerca de Alfred J. Prufrock, 2008

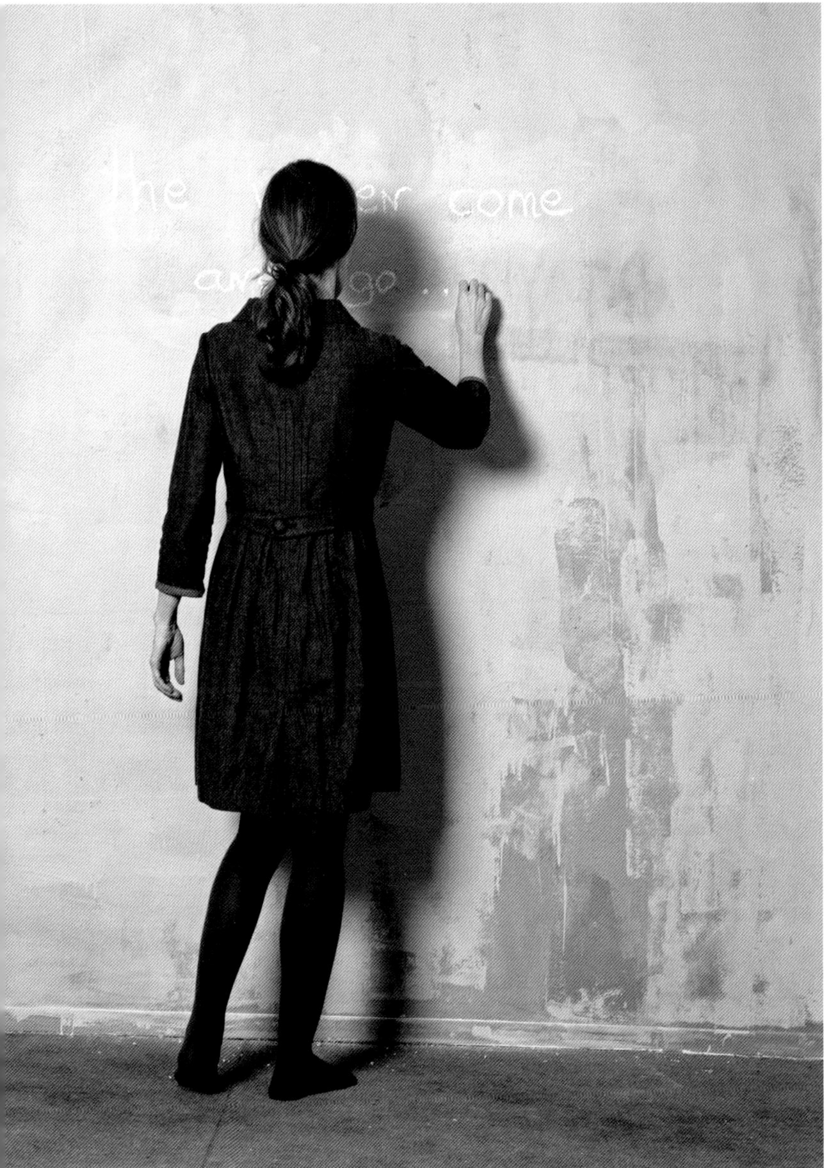
the
come
go

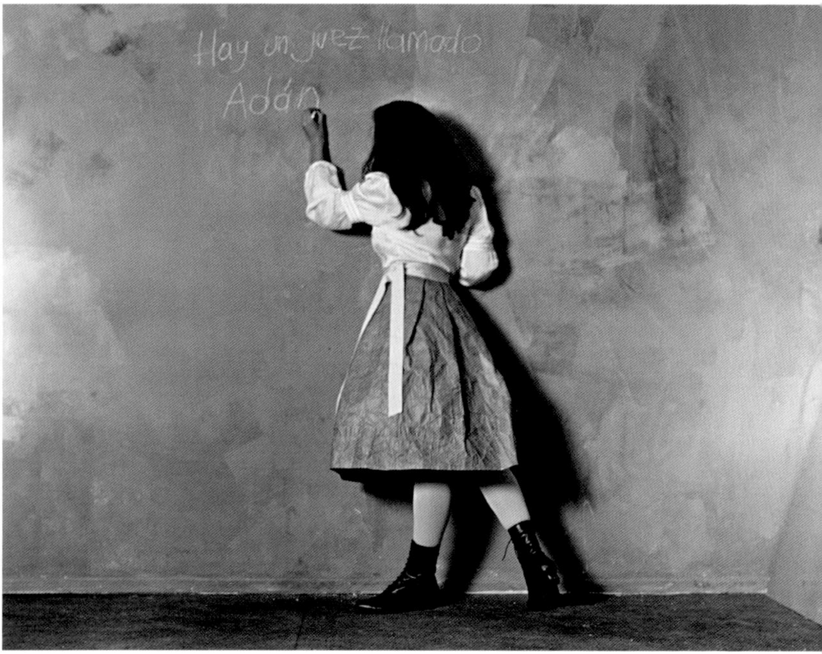

51. Acerca de Heinrich von Kleist, 2009

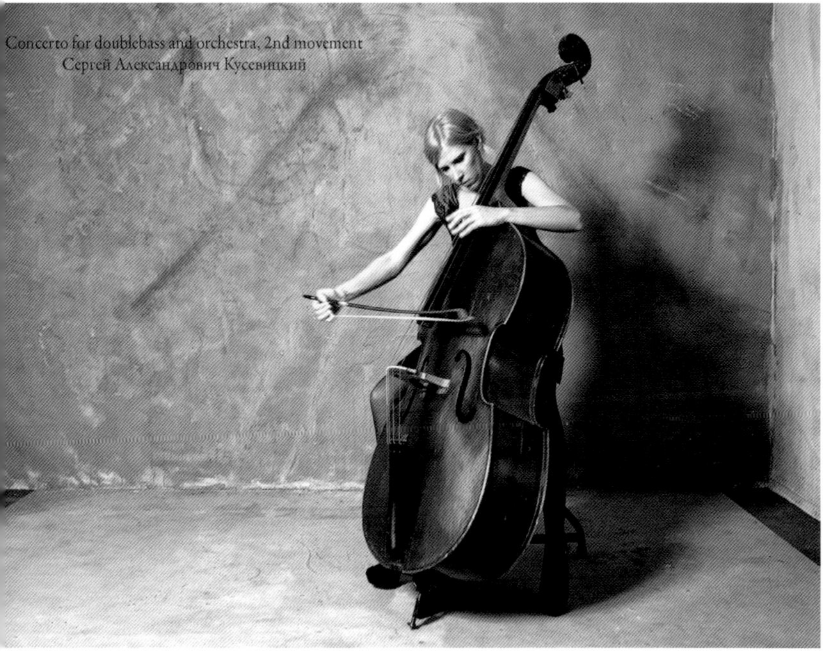

2. Segundo movimiento. Concierto para contrabajo y orquesta. S. Koussevitzsky, 2012

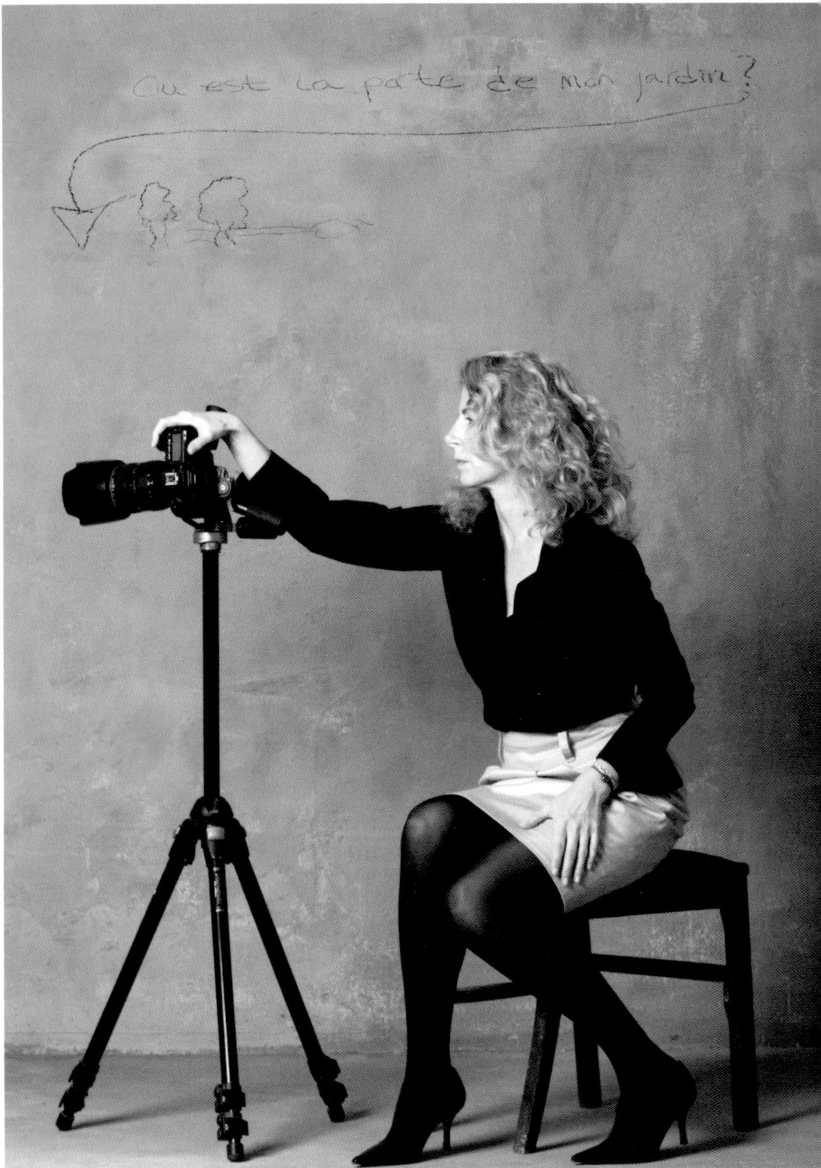

53. En el instante de obtener una fotografía, 2012

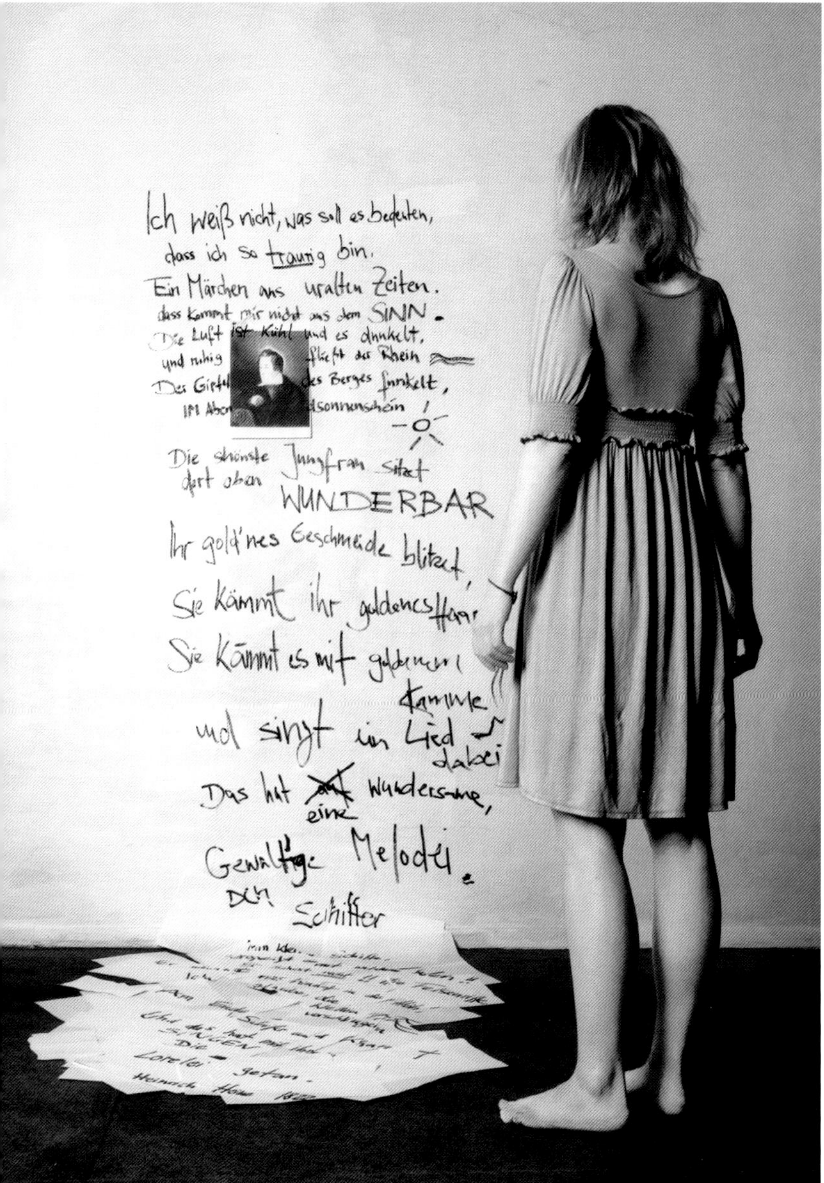

4. *Lorelei* por Heinrich Heine, 2008 / Puesta en escena: Janina Roder

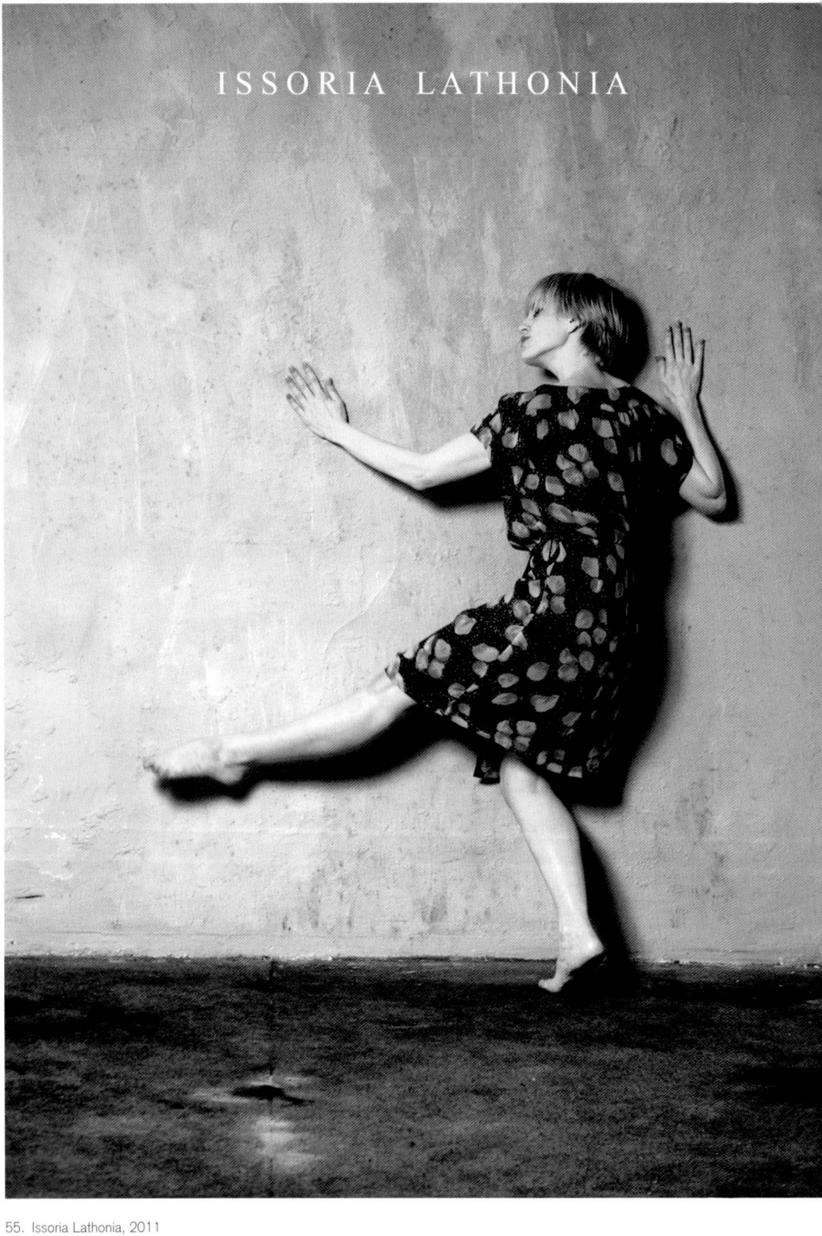

55. Issoria Lathonia, 2011

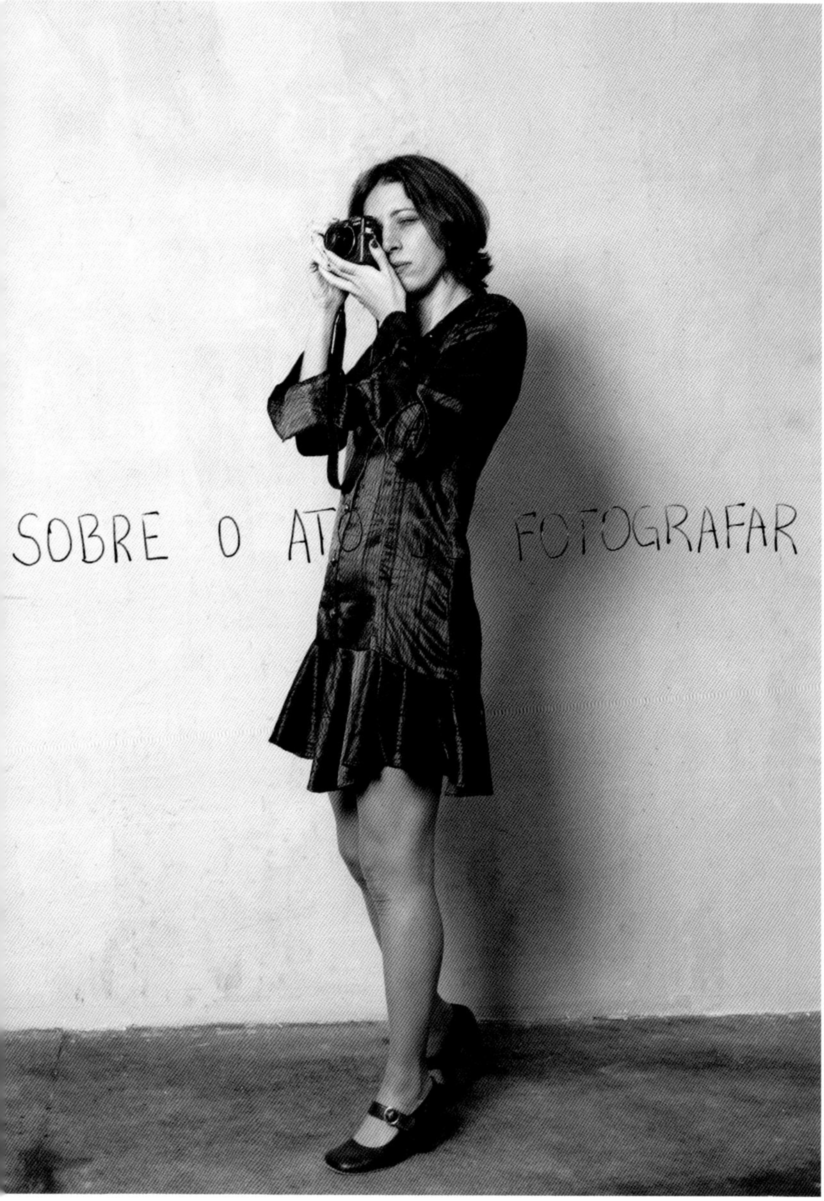

6. Sobre o ato de fotografar, 2009

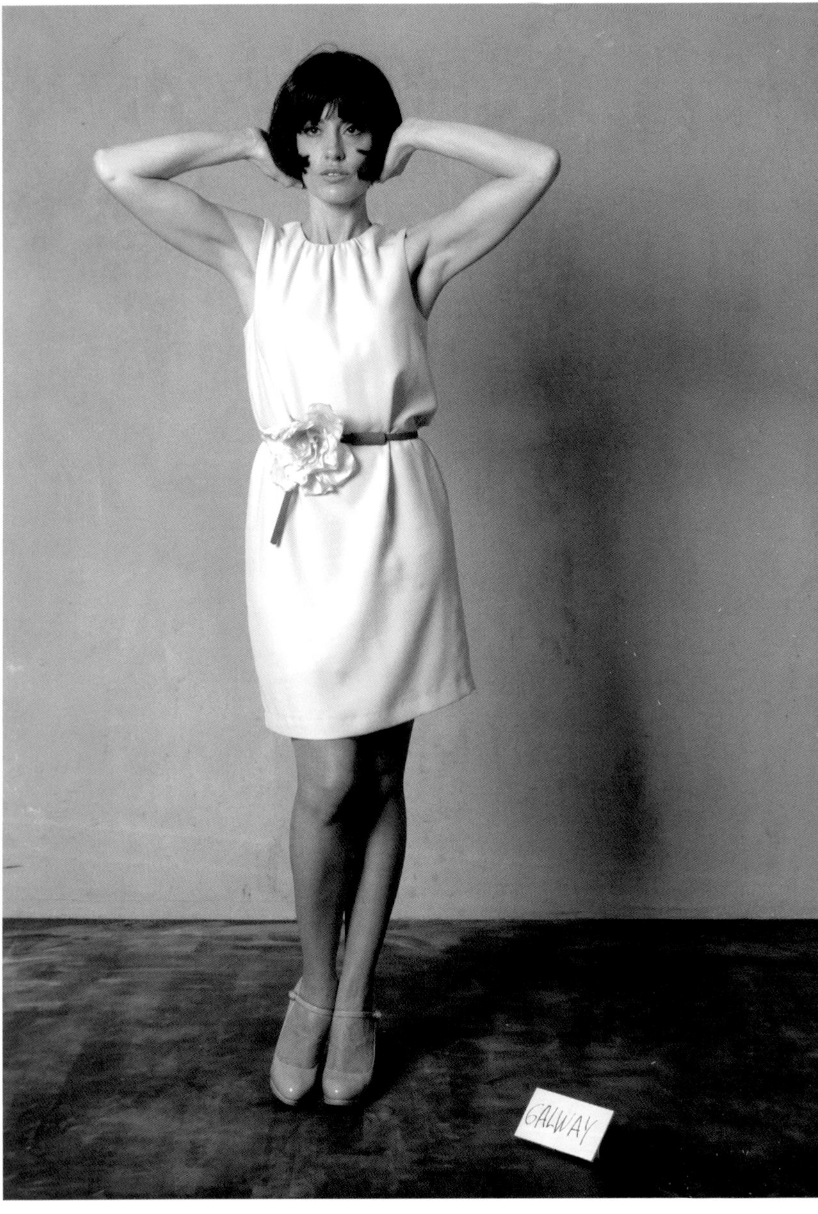

57. Untitled Fashion Photograph, 2011

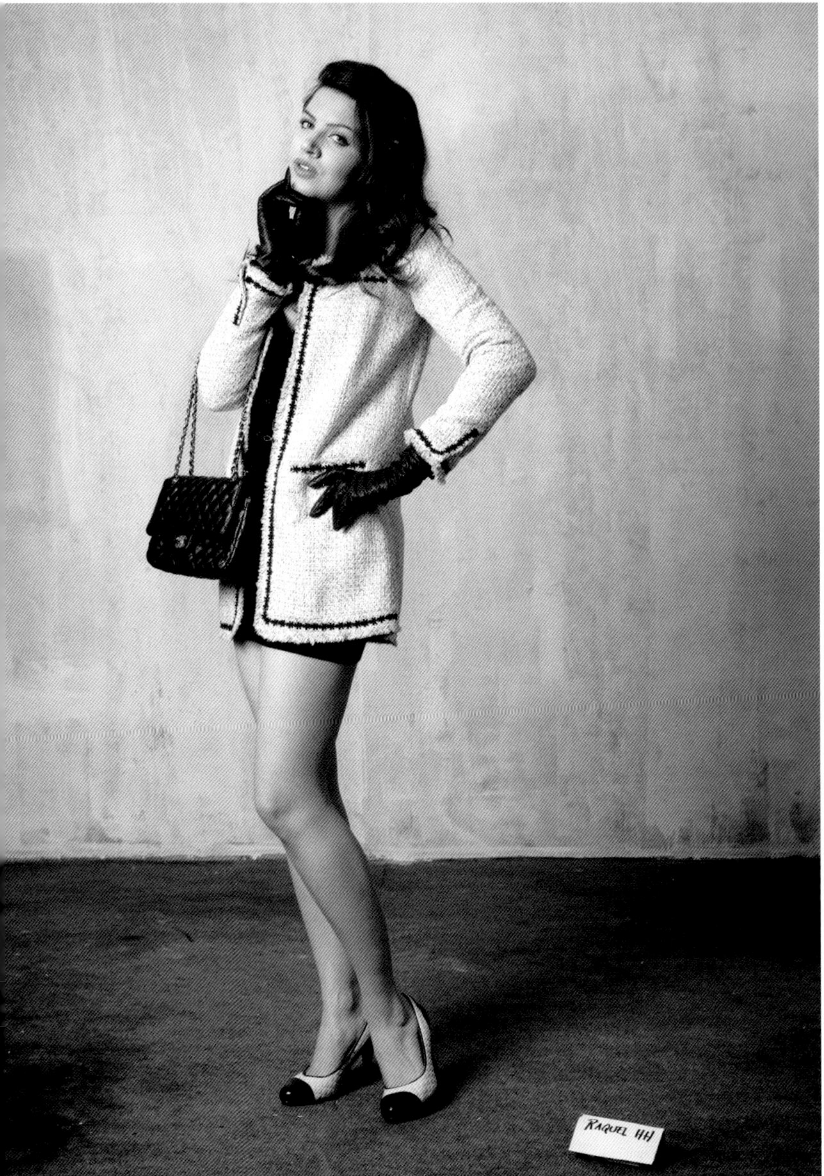

3. Untitled Fashion Photograph, 2011

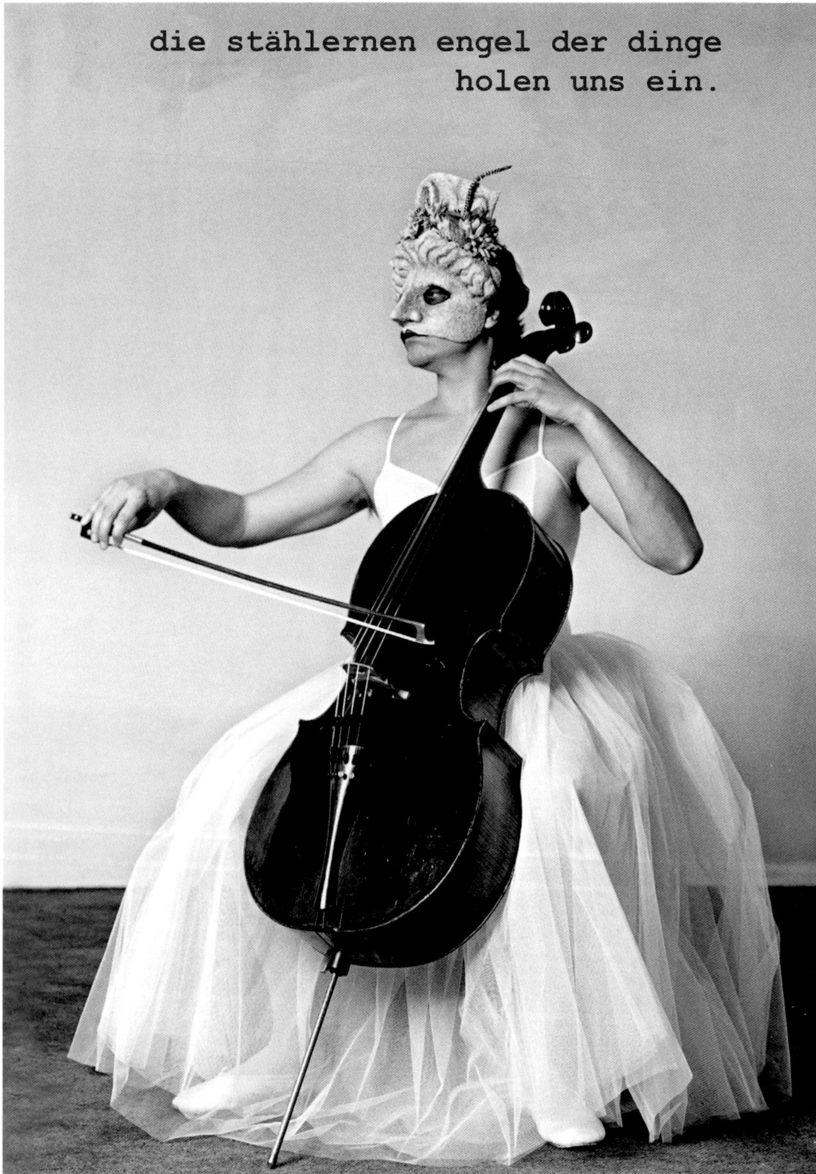

59. Molly Bloom, 2008

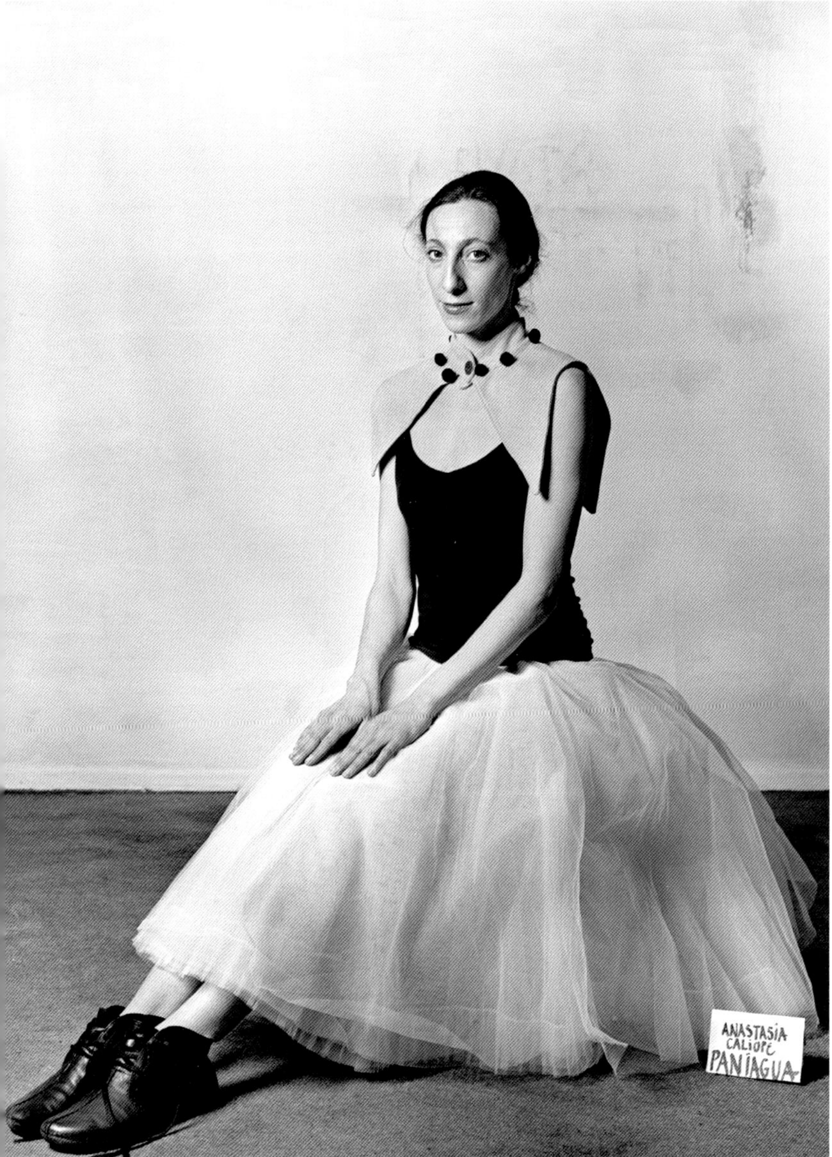

)0. Retrato de Anastasia Calíope Paniagua, 2009

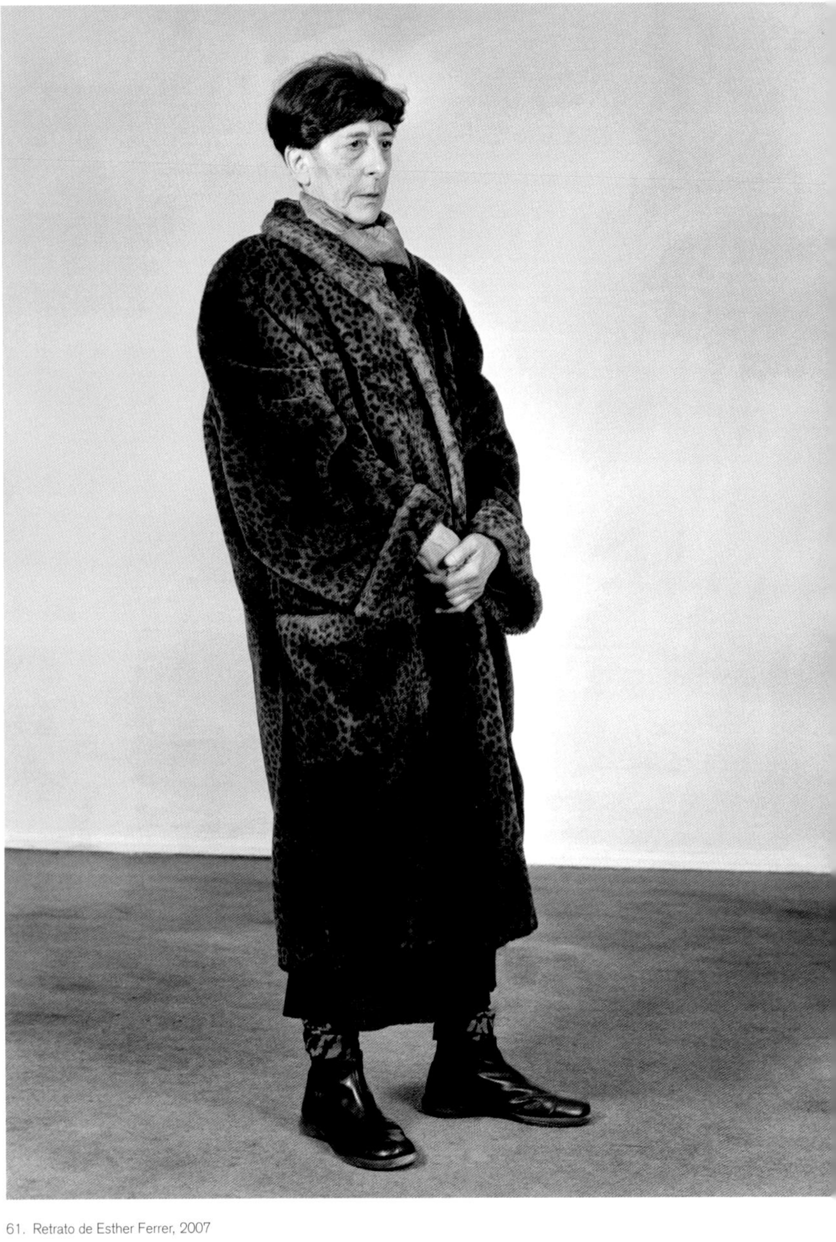

61. Retrato de Esther Ferrer, 2007

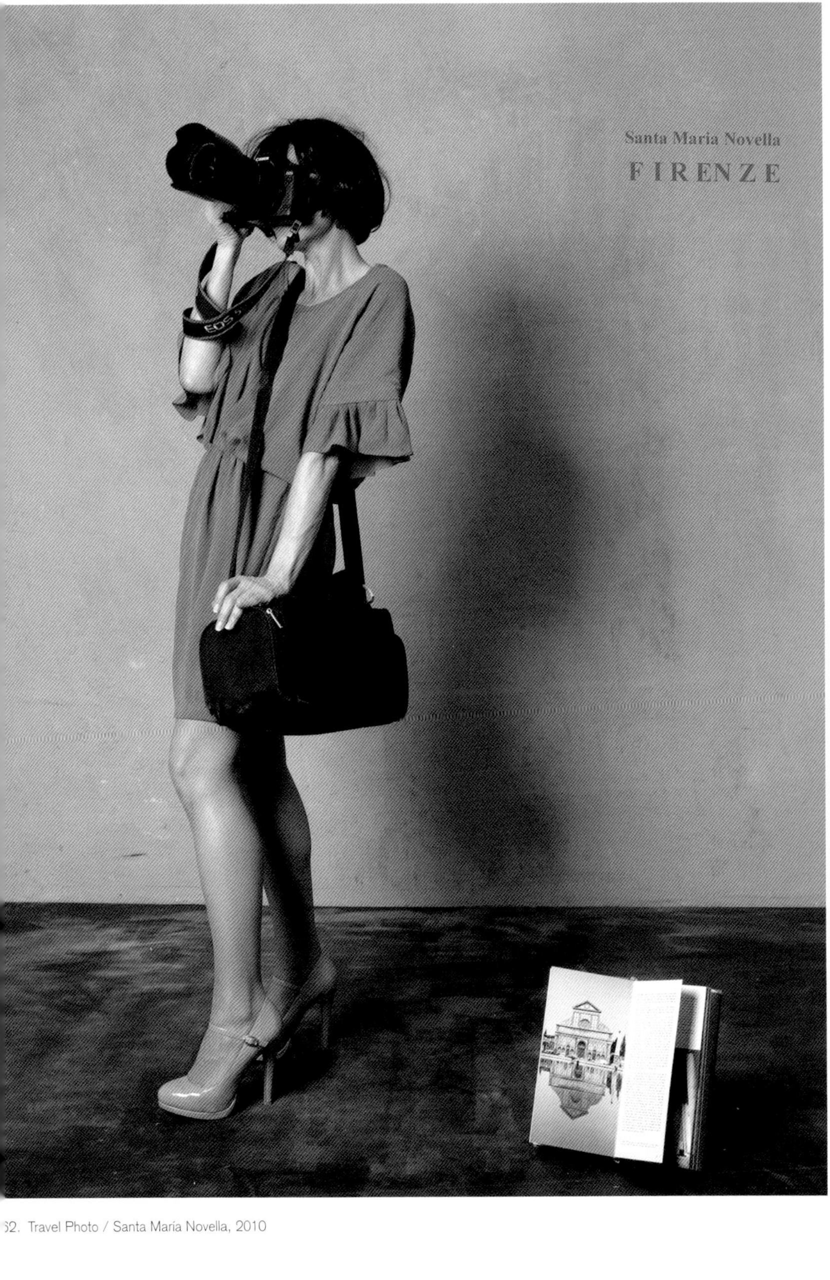

32. Travel Photo / Santa María Novella, 2010

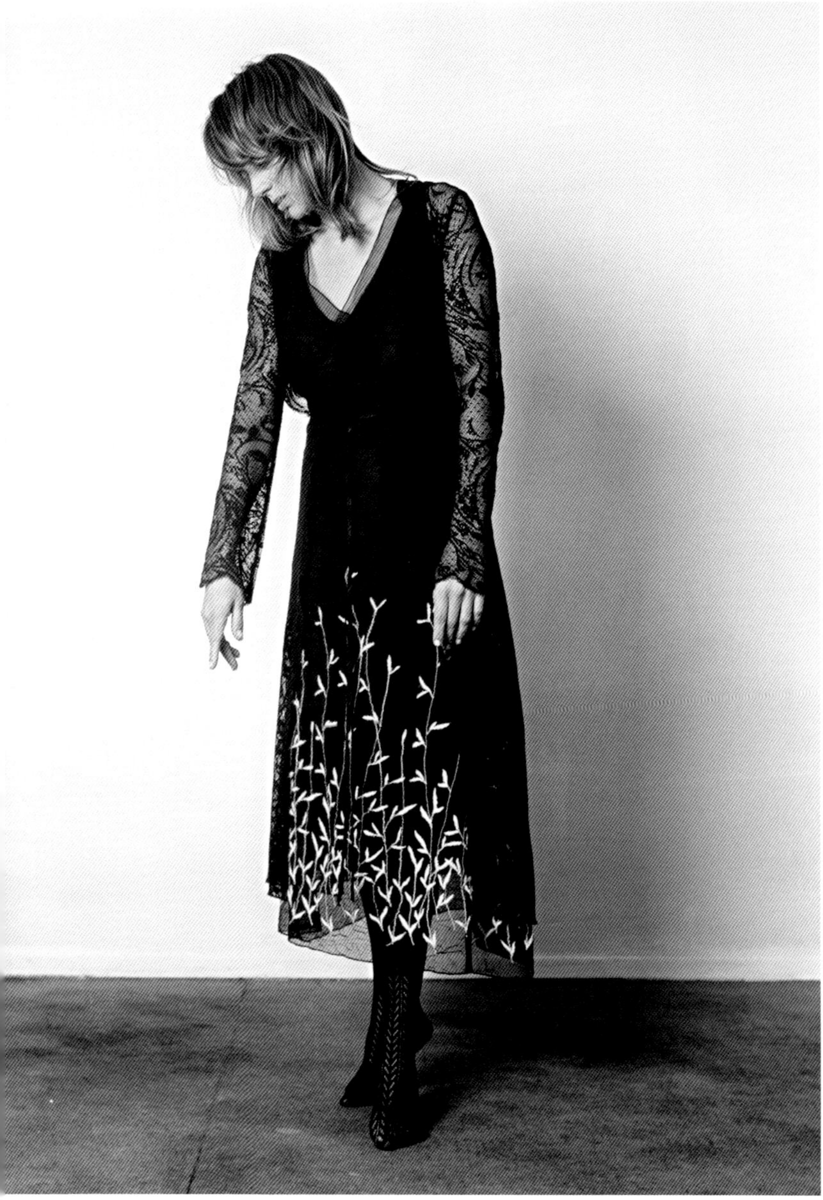

3. Retrato de Emma Suárez, 2009

Cronología

1952 Nace en Bilbao.

1960 Su padre, gran aficionado a la fotografía y al cine, le enseña cómo mirar a través de una cámara.

1969 Hace fotografías sin descanso con su Nikkormat y también películas en super-8.

1970 Comienza a hacer reportajes fotográficos y escritos para revistas.

1971 Jethro Tull publica *Aqualung*. Le gustaría ese tono, esa fuerza, para sus fotografías.

1972 En los Encuentros de Arte de Pamplona fotografía a grandes músicos de vanguardia. Más de cuatro décadas después, las fotografías se expondrán en el Museo Reina Sofía de Madrid. Todos los meses compra *Vogue* francés tan solo para ver el nuevo anuncio de Charles Jourdan hecho por Guy Bourdin.

1974 Tiene lugar su primera exposición individual, en la galería Nikon de Barcelona. Desde entonces expone regularmente sus fotografías. Toma fotografías en el Sáhara para el catálogo de una exposición del pintor Joaquín Torrents. Pablo Pérez Mínguez publica un portfolio suyo en la revista *Nueva Lente*. Rueda *Andante*, una película de siete minutos en 16 mm.

1975 Abandona sus estudios de economía para dedicarse a la fotografía. Coge un tren a París e intenta, sin éxito, llevarle los flashes a Guy Bourdin. Uwe Ommer le permite quedarse y aprender en su estudio de París. Carga con flashes y lleva bocadillos en las sesiones de moda en exteriores.

1977 Instala su estudio en Madrid para trabajar en moda e ilustración y colabora con diversas publicaciones y diseñadores. Compagina sus intereses fotográficos con los comerciales.

1978 Viaja con Guillermo de Osma para hacer fotografías para su libro *Mariano Fortuny / His Life and Work*. En Photocentro conoce a Antonio Navarro, con quien entabla una sólida amistad. Durante décadas, Navarro se encargará de revelar y ampliar sus fotografías.

1980 Realiza numerosas fotografías con el grupo de vanguardia de Marta Schinca y Pedro Garhel. Nuevos cineastas llegan de Barcelona con sus películas bajo el brazo, que proyectan en su estudio: Eugeni Bonet, José Luis Guerín, Manuel Huerga, Adolfo Arrieta…

1982 Expone en la Primavera Fotográfica de Barcelona, en la galería Pentaprisma. Comienza su interés por la enseñanza de la fotografía. Dedicará mucho tiempo a impartir talleres y seminarios fotográficos, una actividad que nunca ha dejado.
Fotografía a Ian Anderson, de Jethro Tull, y le pregunta por la influencia de Lewis Carroll en *A Passion Play*.

1983 Tiene lugar su primera exposición individual –bien montada– en Madrid, en la Galería SEN. Coordina el libro *11 fotógrafos españoles* y la galería Moriarty expone las fotografías del libro.

1984 *La Luna* publica una portada con su retrato de Alicia Baldwin. Alicia aparece con Kevin Ayers en el estudio.

1985 Fotografía a Leonard Cohen y le pregunta por *Suzanne*.

1987 Forma parte del jurado internacional del Kodak Contest en Arlés.

1988-1990 Escribe y dirige la serie sobre fotografía para televisión *La puerta abierta*.

1990 Participa en la exposición colectiva *Imágenes de la movida* en la Galerie d'Art Moderne, en París, organizada por Gloria Collado.

2005 Expone *Fotografías en Europa* en la galería Guillermo de Osma, muestra que dedica a su amigo, el escritor Santiago Barandiarán, recientemente fallecido. Comienza a dar clases en la escuela EFTI de Madrid. Durante varios años dirige el Máster de Fotografía Documental de esta institución.

2007 Publica el libro *La visión fotográfica*, un curso de fotografía que tiene una amplia aceptación, y con ello nace AfterPhoto, editorial que le permite autoeditar y autodistribuir sus publicaciones.

2010 Comienza a escribir en la revista digital *Frontera D*, un proyecto de Alfonso Armada, en el que tiene la oportunidad de plasmar sus trabajos "fotográfico-textuales". Expone *Retratos, vídeo y otras ficciones* en la galería Metta de Madrid.

2013 Primera exposición de *Las fotografías de Burton Norton*. Es en la sala Minerva del Círculo de Bellas Artes de Madrid. Edita el libro *Pam/Plossu* (AfterPhoto) y organiza la exposición homónima en la Sala EFTI de Madrid.

2015 Publica el libro *Las fotografías de Burton Norton*, en el que ha estado trabajando varios *años.*

2017 Vuelve a exponer en la galería N2 de Barcelona –lo había hecho anteriormente junto a Isabel Muñoz–, y de nuevo en el Festival Off de PHotoEspaña, con la galería Fernández-Braso.
«La vida sigue… Continúo encerrándome en mi estudio y paseando por suelo europeo con mi cámara».

Three long moments. About Eduardo Momeñe

Alfonso Armada

1. Is life a language?

I think Eduardo Momeñe (Bilbao, 1952) would like life to be meaningful. And progress to still be a progressive idea. It no longer seems to be, in view of increasingly powerful indications. Philosophical sadness and joy have carved his face and his character. Like Albert Camus, he knows that life makes no sense. But that doesn't suppress the need to drink it in one long gulp. On the contrary. It is a moral imperative to do so, without harming anyone, and to praise the best of our condition, and to abhor what dwarfs us.

I met him late on in life, later than expected for a friendship. We had already begun to realize that we had more past than future, but also shared passions that make life more enjoyable and vivid. That is why I asked him to help me with the collection of decisive moments, although he wouldn't call them that. He refers to—and this partly reveals his personality (as does his insisting that he had no idea that *being a photographer* was going to be 'so exciting')—'certain moments' that he remembers 'with pleasure'. If syntax is a quality of the soul, as suggested by the poet Paul Valéry, Momeñe's feverishly seeks out plain clear words. He eloquently achieves this with his photography, leaving us dumbfounded.

In the first part of *Burton Norton's photographs A story by W. G. Jones,* it is carved in Indian ink: 'Places acquire their meaning when they are enveloped in words, well-spoken words. It is not easy to say the exact words in their proper order, at the right time.'

He tells of his father that he was a 'great photography and film fan'. He taught him something similar to another language: 'He taught me to look through a viewfinder.' From his mother, he learned to find inspiration and joy in another great gift of humanity: music—not in vain did she 'play the piano very well.'

As a child he went with his father when 'going to photograph landscapes on weekends and then retreating to his little home-laboratory, developing photos in black and white and also using Ektachrome.' That is undoubtedly another long decisive moment, what the child Momeñe *sees* in the dark room: 'Photography is magic, the red light and the smell of developer are magical; the Rolleiflex camera is magic. Since then all cameras would be extraordinary objects for me.'

Although it might well be, this booklet is not intended to be Eduardo Momeñe's biography, but an attempt to find out who he is. When, at the end of a long interview I asked him, his answer was: 'someone who likes to take pictures solely for the sake of getting the pictures, and who sometimes likes to talk about it.' Although his sheer height (which makes him droop his shoulders in an attempt to go unnoticed) and his exquisite manners, could let him pass for a gentleman, Momeñe is not one. *Blame it* on rock 'n' roll. In any event he might be considered what some admired rock musicians are: an elegant child. It was in 1965 when, as he puts it, he discovered 'rock and its attitudes. It changes everything, there is another world, almost nothing is as it seemed. Photography will appear as an option for that freedom.' But he doesn't stop at listening, admiring and imitating, ways of dressing and being in the world: 'I play a rhythm guitar and the keyboard in a rock group called Old Music.' That was in 1967.

Sentimental education becomes a train that, way back since those years, hasn't stopped moving or picking up travellers. Since he is not detached from human events, the Holocaust and what it unleashed, poisoning Europe's rich land, pursues him with questions (both moral and narrative: how to tell the untellable?). If we draw a long arc, as the one drawn by the sweep of a long train taking a smooth curve, we discover in his traveling bag a long list of names representing his perpetual traveling companions. From Antonioni's *Blow Up* and TS Eliot's *Waste Land* to WG Sebald (I'm sure they would have become great friends if they had met), including Walker Evans and James Agee, his friend Bernard Plossu, Sergio Larrain and Andrei Tarkovsky; Momeñe has attempted to read everything, to see everything, to live everything. He confesses that in 1969 he already had some 'favourite photographers: Duane Michals, Les Krims, Ken Josephson, Irving Penn, Guy Bourdin ...' He takes pictures with his Nikkormat ('my favourite camera, prettier than a Nikon F') and 'devours' magazines like *LIFE*, *Popular Photography*, *National Geographic*, *Grossbild* 'for the technical part ...' And so he takes photos, without being presumptuous (Momeñe has never been conceited, never thought too much of himself; it's his way of being in the world) of John Cage, Steve Reich and a very young Phillip Glass, Esther Ferrer ... And of Leonard Cohen, John Berger, Wim Wenders, Robert Mapplethorpe and so many others, street statues, passers-by, figures ...

Another decisive moment was in 1975 (the year the Spanish dictator Franco died): 'I tell my father that I'm abandoning my economics studies and intend to become a photographer. My decision hurts him, but he accepts it and is supportive.'

Let's take another leap, take another great European Express, now that Momeñe has settled in Brussels (following in the steps of Teresa, his wife, extraordinary rock also explaining Momeñe's comet-like condition), between 1977, when he sets up his studio in Madrid, and now, 2017, when he takes stock and 'fortunately this complicated photographic adventure has been worth it'. His study is his 'den'.

Although he has not lost his desire to see, I believe that, apart from his portraits, his great legacy will be the book *Burton Norton's photographs*, where we find a kind of self-portrait: 'Burton was a photographer in the strictest sense of the word, one who takes pictures only for the sake of the photographs, who speaks through his photographs, without the need for explanatory comments or footnotes. He was a photographer, he said, because he wanted nothing and had nothing to say with words. But he also made extensive use of words, he spent much time of the trip on his diary. He would spend the end of the day writing down impressions and data, like footnotes, a more real relationship with the physical experience of traveling than photographs could provide, just to *write about the world*. His diary, which I have seen, reveals the human element behind the photographic work; a very different trip from his photographic trip. Somehow, he explains in his notebooks what his photographs couldn't and didn't want to say.'

He speaks of the 90s as 'a photographically lost decade', despite the twelve issues of the magazine *Fotografías*, with Felix Fuentes. An enduring experiment: anyone from Plossu to Larrain, to a stranger who sends a photo, would see it published.

2. What can we teach?

'Undoubtedly, photographs show us the way the world looks, but they do this through a camera lens, a unique point of view among the infinite possible options. Let's also say that cameras are not only optical precision tools, but, in our hands, a camera pursues aesthetic purposes. That's why photographs show us the world from a person's creative intention, their personal selection. Photography shows us the world as the photographer wants us to see it.' A photographer above all, Momeñe is for many lovers of this medium a master. Because he teaches you to look and to see. Photographers such as Isabel Muñoz, Amador Toril and Corina Arranz acknowledge Momeñe's teachings, captured in his book *The Photographic Vision. Photography Course for Young Photographers*, from which we have extracted that quote. The fact that it is continuously republished is the proof of its usefulness and its science.

Between 1988 and 1990 he wrote and directed a priceless series for television, *La puerta abierta* [the open door], which is just what the title suggests and much more. An underground cult series which has passed through hundreds of hands and before many eyes that worship it. It has left its mark in the memory of hundreds of students who followed the masters' course of documentary photography for years, taught at the EFTI School in Madrid. He explains it in this way: 'It gives me great satisfaction to try to teach what I have learned to young and eager people, in fact, in doing so, I learn more than they do.' *The Photographic Vision* is nothing more than 'writing down', as the author says, what is spoken in class. With this essay, his publishing imprint is born: Afterphoto. Momeñe not only teaches what he knows, but, above all, what he is.

3. What we see and what we say

Before signing off, I must include some snatches of a conversation that was also an interview: 'What I call photographic space is what you select with the camera and what is going to happen there. It could also be called visual scenario. Outside that space there is only the real world, which is another world, another place.' Momeñe starts off from an idea that is a suspicion. That all photography is an intervention, or an invention: 'You create an image that didn't exist. Building images for me is an act that has to do with doing things properly. What happens is that photography has a problem, and that's because its utility is an aesthetic utility. It is not a utility for knowledge. Photography is a very primitive language, which reminds me of the Indians' language using smoke signals.

It's a language that doesn't stop telling us things. It is a language that only serves to scan the world and show it. It asks you to show it with great care, and to turn it into a certain type of knowledge. Photography is absolutely fascinating, it is a purpose in itself, it goes extremely far, but only if we know that it just serves to take pictures, not to tell a story. It can talk of, but not *tell,* 'Little Red Riding Hood'. Photographs can't do that, just as a violin can't interpret the *Discourse on the Method*. Photography is a visual text, the camera is a writing tool that appeals to visual thinking, a little encrypted language that must be deciphered with words ... Photography is used to write the world, to comment on it, but with its own rules, in a setting that it expresses visually.'

Which, then, are Momeñe's traits as a photographer? Perhaps that his photographs call to us without being shrill, watching us without complacency or indifference. As a fact of reality that, nevertheless, never pretends to exhaust reality or have the last say, but that invites us to take another look at what we thought we knew. Momeñe's photographic language is a desperately quiet attempt to speak of life as would a happy castaway, who, even while aware that he is going to die, will not scream: so as not to waste time swallowing water. Nor will he lose heart. That would speed up the end. Momeñe knows that just the same as the aim of the sea is to become the sea, the aim of life is to exist. I think Eduardo Momeñe is an existentialist, in the least tragic, with a camera in his hands.

With his unveiling silences I re-read the indecipherable skin of the world. With a traveling companion called Eduardo Momeñe.

Alfonso Armada

Periodista, escritor, dramaturgo y poeta. Estudió periodismo y arte dramático en Madrid, y su trayectoria profesional se ha desarrollado de forma paralela en ambos ámbitos. Ha formado parte de varias compañías teatrales y ha publicado numerosos libros, obras y poemarios. Como periodista, ha sido corresponsal para El País en África y para ABC en Nueva York, y ha cubierto conflictos como el cerco a Sarajevo. Actualmente es director adjunto en ABC y director del suplemento *ABC Cultural*, así como editor y director de la revista digital *Frontera D* y vicepresidente de Reporteros sin Fronteras en España.

Journalist, writer, playwright and poet. He studied journalism and dramatic art in Madrid, and his professional career has dually developed in both areas. He has been part of several theatrical companies and has published numerous books, works and poems. As a journalist, he was a correspondent for El País in Africa and for ABC in New York, and has covered conflicts such as the siege of Sarajevo. He is currently an assistant director at ABC and director of the weekly supplement *ABC Cultural*, as well as editor and director of digital magazine *Frontera D* and vice president of Reporters Without Borders in Spain.

A Place Called 'Studio'

Eduardo Momeñe

Most of the photographs that can be seen in these pages have been taken at my studio; they are *studio photographs*. I have been absorbed in it for four decades (as for now, 2017) and during this time, which is a lot, the camera has been situated on the same floor, everything has happened on the same three square meters. It would seem H.G. Wells' time machine, which, thanks to the existence of time, has travelled the world—many worlds—without moving a millimeter. It is a great journey and I'm still not tired of touring this world with no geography; I still enjoy the pleasure of shutting myself between its four walls, away from the noise of the world. It is my little bunker—it is a privilege.

The photographic studio is nothing but that room which has been transformed into a *no-place*, in order to take photographs *nowhere*. The concept of *studio*—that *place with no coordinates*—is as old as the desire for pictorial portraiture with expectations of individuality and transcendence. The studio had to be invented in order to comment on the world without taking into account the seduction of its decor; its scenery wasn't provided, as opposed to, for example, the Aosta Valley.

Although it probably wasn't, the studio portrait *was invented* by Jan van Eyck. His portrait—possibly a self-portrait—of a man in a red turban lives on today; that dark *existence-less* background, that three-quarter profile, has remained untouchable for centuries of visual representation. When Irving Penn assembled his *Worlds in a Small Room*, he knew that Renaissance had existed, that it had embedded the world into two square meters and it had shown it with utmost simplicity to the human eye. Even that light, which seems to enter through the window of a limitless space in Rembrandt's self-portraits, continues to flood photographic studios across the world. (An attractive idea, that of Irving Penn, going beyond—traversing the world's geography and finally putting it into a room, as if it were his studio in New York.)

The construction of an ideal *refuge* for representing individuals in their distinctiveness has been called 'portraiture'. The studio is an excellent instrument for obtaining portraits of faces, or faces along with their bodies. Out-of-place physiques, out of their lives, in no place at all (if this were even possible). Juan el Bueno's portrait in profile was, in the fourteenth century, one of the first in Europe, but it was Jan van Eyck who, perhaps, fully understood the power of this *no-place* and the restrictions—rather advantages—of canvas limiting. And he went even further: His reputed self-portrait is a *real* face in a three-dimensional space. Rembrandt knew it too. Without a doubt, his self-portraits represent the best *photographic studio*—that in which there's nothing but a visual stage, nothing but the photographer's own universe.

The studio is definitely a good place to make portraits: a space with a figure, the body's language speaking in relation to a constructed space, created where there was nothing before. If it had been possible, Jan van Eyck would be *the* great studio photographer—pictorial spaces (already photographic spaces) were necessary for actors to *speak*. It is David Hockney's commentary: Photography demonstrated that Renaissance was right. The essential book here is Tzvetan Todorov's *Éloge de l'individu*.

In these pages one can identify my interest—my choice, my attempt—in this classical photographic space, in relying on it, in that cut and thrust with Brunelleschi's drawing pen. Also in *Rembrandt's light-box*, that acting, that *pose*, that attempt to curb body language between the four walls of the space in this formal viewfinder. It is such an outstanding format that it will probably remain valid for millennia to come. Of course, the other formal revolution will also remain—that of the *Friedlanders*, the extraordinary and defining path taken by photography thanks to George Eastman's Brownie camera. In any case, it is necessary to make decisions.

It is the idea of a stage, finally, an empty stage, even invisible, nonexistent. We take photographs inside that theatrical setting. It is our debt to drama, to its limited space, to its actors, to Greece. In this photographic space, now unnamed, is where photographs are to exist—instants of a play acted before the camera. Any portrait, any staging, any caption is a performance for the camera. These are photography's fundamental elements. Studio photographs show 1/500-of-a-second theatrical performances. It is a very short time, but if they occurred for a longer lapse and we could perceive that duration, they would be films, they would be something else. (Let's go further; photographs are frames of a film we may never get to see.) Nothing is as compromising as giving up one's character in a performance of a fraction of a second. There can be no mistakes; it is an irreparable instant once it's framed on a wall.

Actually, the studio is a small factory of dreams, where both imagined and desired dreams can end up on a paper. Without a doubt the experience is beyond interesting, what's more, it entrails the difficulty of producing something proper, of communicating the pleasure of this journey from good intentions to appropriate delivery. When something imagined is turned into a palpable idea, the dreamed object resembles the dream itself. The photographic image as a dream; its distance from reality as a representation of *something else*, something that was in another place, the strange and the estranged.

I still think the studio is an extraordinary place to watch the world and comment on it.

PHoto**Bolsillo**

Director de la colección / Series editor
Chema Conesa

Coordinación / Coordination
Bárbara Adrados

Diseño original / Original design
Fernando Gutiérrez

Traducciones / Translations
Art in Translation
Bárbara Adrados

Preimpresión / Pre-press
Museoteca

Impresión / Printer
Brizzolis

ISBN
978-84-16248-95-7

Depósito Legal / Legal Deposit
M-4948-2017

LA FÁBRICA

Presidente / President
Alberto Anaut

Director General / Managing Director
Álvaro Matías

Directora Editorial / Editorial Content Manager
Camino Brasa

Director de Desarrollo Editorial / Editorial Development Manager
César Martínez-Useros

Director de Producción / Production Manager
Rufino Díaz

Director de Distribución / Distribution Manager
Raúl Muñoz

LA FABRICA

Verónica, 13
28014 Madrid
T. +34 91 360 13 20
edicion@lafabrica.com
www.lafabrica.com

Una coedición entre / A Coedition Between

LA FABRICA museoteca BRIZZOLIS arte en gráficas

Biblioteca PHotoBolsillo

Biblioteca de Fotógrafos Españoles

Xavier Miserachs
Nicolás Muller
Humberto Rivas
Ricky Dávila
Koldo Chamorro
Francesc Català-Roca
Carlos Pérez Siquier
Luis Pérez-Mínguez
Gabriel Cualladó
Javier Vallhonrat
Miguel Trillo
Pilar Pequeño
César Lucas
Fernando Gordillo
Agustí Centelles
Baylón
Isabel Muñoz
José María Díaz-Maroto
Cristóbal Hara
Antonio Tabernero
Alberto García-Alix
Pablo Genovés
Clemente Bernad
Carlos Serrano
Ramón Masats
Óscar Molina
Cristina García Rodero
Pablo Pérez-Mínguez
Joan Fontcuberta
Navia
Ricard Terré
Fernando Herráez
Oriol Maspons
José Ignacio Lobo Altuna
Xurxo Lobato
Genín Andrada
Valentín Vallhonrat
Vari Caramés
Juan Manuel Díaz Burgos
Ferran Freixa
José Antonio Carrera
Manuel Vilariño
Kim Manresa
Rafael Navarro
Toni Catany
Luis Escobar
Marta Sentís
Chema Madoz
Ciuco Gutiérrez
Alberto Schommer
Ouka Leele
Manel Esclusa
Laura Torrado
Ángel Marcos
Ortiz Echagüe
Francisco Ontañón
Carlos Saura
Alfonso
Juan Manuel Castro Prieto
Pep Bonet
Juantxu Rodríguez
Paco Gómez
Virxilio Vieitez
Gonzalo Juanes
Rosa Muñoz
Leopoldo Pomés
José Ramón Bas
David Jiménez
Leonardo Cantero
Jordi Socías
Colita
Alfredo Cáliz
Gervasio Sánchez
Txema Salvans
Matías Costa
Emilio Morenatti
Pierre Gonnord
Ricardo Cases
Sofía Moro
Joan Tomás
Atín Aya
Rafael Trobat
José Cendón
Luis de las Alas
Joan Fontcuberta 2
Chema Conesa
Ragel
Samuel Aranda
Rafael Sanz Lobato
Juana Biarnés
Manuel Outumuro
Cristina de Middel
Carlos Spottorno
Aitor Lara
Miguel Bergasa
Javier Arcenillas
NOPHOTO
Laia Abril
Blank Paper
Ricardo Martín

Biblioteca de Fotógrafos Latinoamericanos

Luis González Palma
Casasola
Marcos López
Cia de Foto
Raúl Cañibano
Alberto Korda
Tito Caula
Alfredo Cortina

Biblioteca de Fotógrafos Africanos

Jean Depara
Samuel Fosso
Mama Casset
Zwelethu Mthethwa

125-D

DATE Nov 88

SUBJECT Brian Griffin / T-TMX 100 / D-76 1:1 / 13 min.

TECHNICAL DATA Paraguas blanco

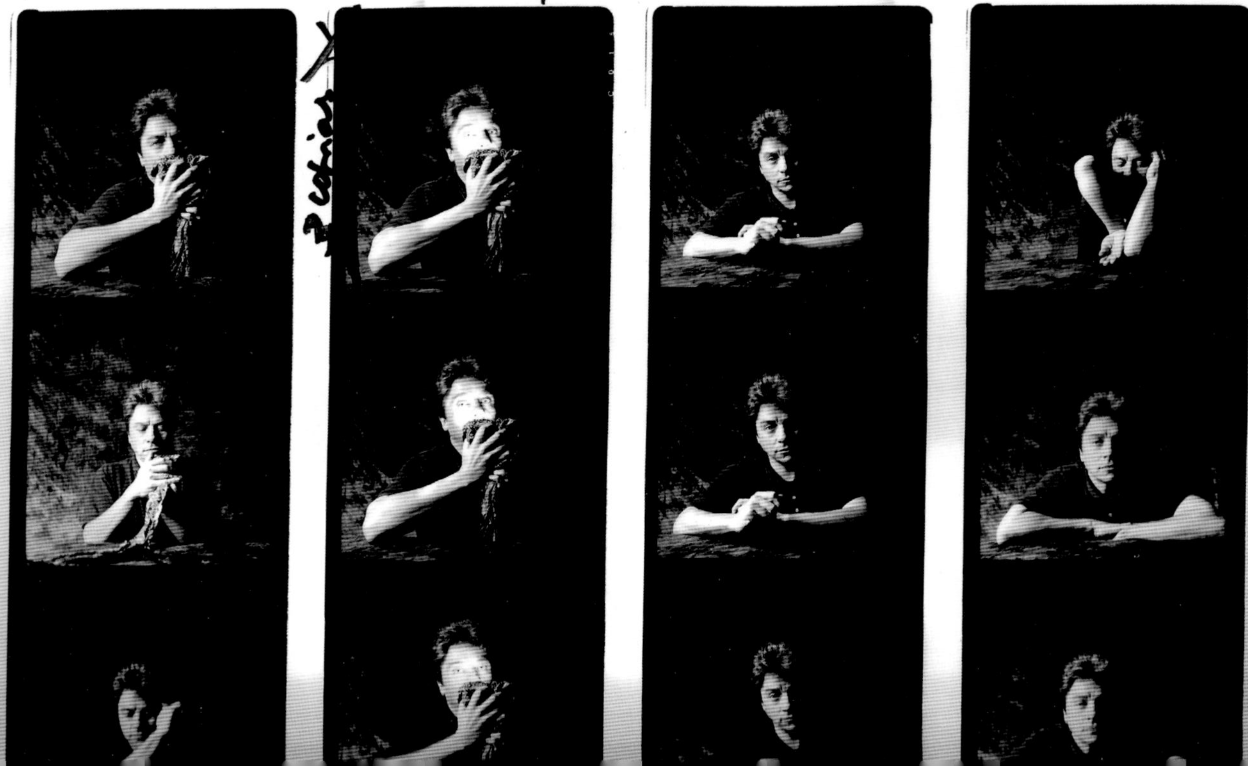